世界を感動させた日本精神

台湾人だからわかる本当は幸福な日本人

黄文雄
Kou Bunyu

ビジネス社

はじめに　戦後日本人が忘れた日本精神

国家・民族だけでなく、文化・文明が違えば、ものの見方も考え方も違います。歴史観から世界観、さらに人生観、価値観まで違うのはごくあたりまえです。たとえば、西洋人が「真」、中国人は「善」、日本人が「美」を重んじると昔からよく言われています。今なら快楽や健康、幸福などを最高の価値と考える人も少なくないでしょう。「真善美」すべてを欲張った古人もいます。

いわゆる「国民性」というものはそれぞれの文化風土から生まれた心性の最大公約数ですが、「人生観」や「性格」は「十人十色」で、親兄弟でさえ別の「個性」があることは言うまでもありません。

日本は「一民族・一国家・一文明」など、日本文化のユニークさは枚挙に暇がないでしょう。もちろん、文明が超民族、超国家という普遍性、しかも宗教力をもつのとは違って、文化とは民族的、特徴的なものなので、いかなる文化でも、ユニークでないものはありません。しかしながら、「日本および日本人」をめぐる文化の特徴は「ユニーク」どころではなく、戦前のボキャブラリーからすれば、まさに「万邦無比《ばんぽうむひ》」と言えるほどです。

私が留学生として日本に来たのは、東京オリンピックの前の昭和三十九年の正月で、翌年の末からの日本語と漢文での文筆活動はすでに半世紀を超えています。この間に日本の文化風土のなかから貴重な「万邦無比」の文化財をいくつも発見しました。決して「万世《ばんせい》一系《いっけい》」の国体のみではありません。たとえば、「安定にして安全、安心できる社会」そのものも、「人間国宝」、「ヤマトイズム」、本書のテーマである「日本精神」も、そうです。

人間の価値観を育てるのは歴史的な文化風土が主体であることが多い。その根源を探っていくと、一元的志向の「全体主義的」と多元的志向の「自由主義」に突き当たります。日本人の思考と心性はどちらかというと、後者に属するものです。

それは多神教的な神道から来るものと思います。

ではなぜ中国・韓国が繰り返して「正しい歴史認識」を、日本をはじめとする他国へ押し付けるのかというと、それは「中華思想」の自己中と優越感からくるのです。日本では、日本文化と西洋文化を、「国風・洋風」の対立として語られていますが、「文明衝突・文化摩擦」はむしろ「ヤマトイズム」対「中華思想」ではなかったかと、私はみています。

漢意・唐心と和魂・和心との違いは、すでに江戸時代から国学者たちに指摘され、心の本質的、根本的違いから、日本には「勧善懲悪」の必要がないと主張されてきました。戦後日本の道徳退廃から社会の劣化現象への対策として、道徳教育の復活についてよく取りざたされますが、私はむしろ道徳よりも伝統文化教育の強化だけで十分だと断定したい。

私の半世紀を超えた日本での暮らしの中で、日本人の精神史から得た宝物は二つあります。「日本人には『勧善懲悪』の必要がない」という文化風土があり、もう一つは、「武士道は宗教を超えている」という発見です。それは日本人の心の探訪からの真理なのです。ところがそれを、多くの戦後日本人が忘れており、私は内心忸怩《じくじ》たる思いがするのを禁じることができません。

私は一九七四年から二〇一四年まで「地球行脚《あんぎゃ》」をし、四〇周をまわりました。それは「台湾人の霊性」を探訪する旅です。ことに九〇年代に入ってから、世界各国の人びとの心と魂を探し続けています。つねに「雑草魂」の目線から世を見るのが、私の魂の旅の習わしとなっており、心得です。

「日本人の心と魂」は、地政学的生態学的違いから生まれた社会の仕組み、長い歴史の歩みという文化風土から生まれたものであります。

「万邦無比」の感激までには至らなくても、なぜ日本および日本人がユニークなのか――私が感動した日本人の「心史」について、読者の理解の一助となれば幸いです。

黄　文雄

第一章　「水」と「森」が生んだ日本文明

第一節　日本人の「水心」

第二節　日本人の「森の心」

第二章——武士道と商人道

第一節　世界と中国が驚嘆する武士道

第三章 ―― 日本仏教の真髄・空海と道元

第四章 日本人も知らない不思議な日本の心

終章——日本的霊性と台湾的霊性

序章

なぜ私は日本人の「心」を探訪するのか

半世紀追い求めた日本人の「心」

私が日本に暮らすようになってから、もう半世紀が過ぎています。以来、日本人の「価値観」と「心」への好奇心はやむことがありません。と同時に、六〇年代に来日してからというもの、日本との「文明の衝突と文化の摩擦」が身に沁み、否応なく「台湾人の価値観」に開眼していきました。それをずっと書き続け、九〇年代に漢文で世に問うたこともあります。それは私の「日本の心史」から「台湾人の精神史」への心の紀行ともいえるものでしょうか。

私は日本にきてから多くの知己《ちき》、同志、先輩に恵まれました。もちろんともに辛酸も苦悩もなめつくした間柄で、決して諸事順風満帆ではありません。私が台湾の「国生み」物語造りに参画したのは、まだあまり世間を知らない二〇代のころ、一九六四年からで、その後多くの先覚と志士たちに出会いました。その一人が言語学者の王育徳《おういくとく》先生です。先生の兄は東京帝大出で京都地裁の判事までつとめ、戦後台湾に帰って、二・二八事件で行方不明となり、虐殺されました。弟の王育徳先生は日本に亡命、東大に再入学、後に明大で教鞭を取ります。知名な言語学者で、私は王先生から言語歴史など多くを教わりました。たとえば、福沢諭吉の「脱亜論」をヒントに「脱華論」を説くのは台湾人にとっては、きわめて示唆的でした。

王先生にかぎらず、黄昭堂《こうしょうどう》、周英明《しゅうえいめい》、許世楷《きょせいかい》各氏など、じつに数え切れないほどの先輩に恵まれ、その教えを乞い、生き様をも学びました。そして政治、社会、文化に至るまで、独自に世を知る、「見る目」も養ってきました。ことに、より根源的な事象から世を見る目です。それが人生の哲学にもなります。

日本人の「差別」意識はよくいわれますが、私は一度も経験したことはなかった。もちろん台湾人として日本の政府や文化人からの「迫害」はあったものの、それでも中国や韓国のような極端な「人種差別」とはまったく質が違います。

たとえば、『台湾総督府警察沿革誌』に詳しく記述されてますが、父は黒色青年同盟の闘士として、当時は最高刑である「七年の刑」に服しました。母の兄弟は二・二八で中国軍に見せしめの虐殺を受けています。

どの時代にも事情があり、時代の掟もある。「法治社会」と「人治＝徳治社会」はまったく異質なものであり、もし人種差別を反日の「大義名分」にするなら、まずその社会文化・文明から知らなければ、すべての言説は独断と偏見にすぎません。

私の日本を見る目は、その文化・文明の本質から抉出するものです。わが師、わが心の友には感謝せざるをえません。

私は「血」よりも「地」をより大切にします。愛国心は「地」を愛する自然の感情ではなく、近代国民国家の時代につくられたものです。しかし日本や日本人は、そのようにつくられたものではなく、「生まれたもの」であるという発見が、私の日本人の心の探訪への事始めの動機となったのです。

台湾人を感動させた日本人救援隊の死者を偲ぶ態度

戦後、日本と台湾の間でのもっとも感動的な場面は、今も鮮烈に記憶に残っています。台湾中部大地震で、日本の救援隊が帰国通関するさい、通関員たちが、制服のままの日本救援隊を見て、全員総立ちになり、深々と礼をする。ごったがえしの出入国客も大拍手で見送った。その感動的な場面を見て、感涙にむせぶ人もいたのです。

どの国でも出入国通関役人は傲岸不遜《ごうがんふそん》があたりまえなので余計感動的だったのです。信仰を失い「世俗化」した民族の死者に対する扱いは動物並みなのが一般的です。もちろん家族だけは逆です。倒壊した瓦礫《がれき》から掘り起こされた死者にたいして、日本人救援隊の隊員全員が整列して黙禱《もくとう》する場面はテレビを通して広く伝えられました。私は多くの若い台湾人から、あの場面はもっとも感動的で涙が出たほどだったと聞かされたものです。四川大地震のときも日本救援隊が死者を悼《いた》む場面は、あの中国人にもおおきな感動をあたえました。中国政府に日本の救援隊をなるべく排除した方が得策だと思わせるほどです。

それは死生観の違いからくるもので「死者悉皆成仏《ししゃしっかいじょうぶつ》」「死ねば仏」「水に流す」という日本人と「生きてその肉を喰えなくても、死んでもその魂を喰らう」と誓う中国人とはまったく違うのです。

中国の俗諺《ぞくげん》には、「良心ある人は社会から孤立する」「才能ある人は早死する」というのがあります。才能ある人間は若いうちに周りから叩かれ、芽をつみとられてしまうからです。ことにきびしい政治社会では、ライバルは葬《ほうむ》られ、愚民と奴隷のみが生き残ります。

二・二八事件において国民党政府が台湾を統治したさい、リストアップした抹殺予定の各界のリーダーは、当初五千名だけだったのが、三万人にものぼり、そこからさらに四〇年近く戒厳令が敷かれ「白色テロ」の時代がつづくのです。

二〇〇九年八月に台湾高雄《たかお》で起こった八八水害のさい、馬英九をはじめ政府高官はなおも当日当夜宴《うたげ》にうつつを抜かし、国民の誰が死のうとそれは「天災」だ、われ関せずという態度をとりました。対照的に一九九九年九月に起きた中部大地震では、李登輝《りとうき》総統は即刻、緊急出動命令を出しました。両者の対応はどうしてこうも違うのだろうか、とある台湾のメディアから取材されたことがあります。私は「それは、中国人との心の違いからだ」と即答して両民族の死生観の別を語ったのです。

日本人の「心」の神秘は「神」を知るのと同様

日本人の「心」は日本文化から生れたものであり、「日本文化史の申し子」といっていい日本人を代表する魂の一つです。したがって、そこから日本人の精神史、社会心理史、心性史を探ることができるのです。

心は文化、ことに宗教とのかかわりが強い。「一神教の文化」と「多神教の文化」から生れた心がいかに違うか。また、「儒教文化圏」と「仏教文化圏」の人々がいかに、その心が異なるか、本書で語っていこうと思います。

もちろん個々人の心は、「蓼《たで》食う虫も好き好き」で十人十色です。心の問題は近代心理学研究の対象にもなっています。が、はたしてどこまで探られるか、はなはだ疑問です。西洋心理学は哲学から分離しましたが、心を知ることは宗教学や人間学に属するものが多々あり、それにも限界があるからです。

古代日本人は純の心を重んじていました。だから、「キヨキ心」と「キタナキ心」は仏教の「善心」と「悪心」という心の見方に近く、それが日本人の仏教受容の風土にもなったのではないでしょうか。仏教は悟性を説くいわゆる「転迷開悟《てんめいかいご》（煩悩による迷いを捨てて、悟りの境地へ至ること）」です。心の解明に熱心だからこそ日本人の「心史」に大きな影響をあたえたのはいうまでもないでしょう。

仏教の「唯識論」では、眼識、耳識、鼻識、舌識、身識、意識以外にはさらに、その深層にひそんでいる「末那識《まなしき》」と「阿頼耶識《あらやしき》」があると教えます。十九世紀に登場したフロイトの精神分析とユングの分析的深層心理学は、仏教が説く「阿頼耶識」と「如来蔵」思想です。では、伝統的仏教と精神分析や分析的心理学は、はたして人間の心をどこまで知ることができるでしょうか。やはり限界があるでしょう。

したがって、日本人の心を探るのには、心学や科学、宗教だけではなく、日本語の心や神話、民話、文学から、さらに精神史、思想史からスタートしなければならないわけです。じつに「神」を知るのと等しく簡単に解明できるものではないのです。もちろんそれも科学と宗教の問題と限界ともいえます。

「儒教国家」と「仏教国家」はぜんぜん違う

なぜ日本は儒教国家ではなく仏教国家になったのでしょうか。

しかし、もし、あの遣隋使・遣唐使の時代背景を知れば、日本が仏教国家になったことを連想するのは、決して難しくはないのです。

漢の最盛期の人口は約六千万人、奴隷を入れると約一億人とも推定されます。だが、漢末には天下大乱、三国時代には人口が七百万人前後だけが残りました。すでに天下崩壊に近い時代で、五胡十六国と南北朝に代表される六朝時代の約四百年の間、さらに隋唐時代までの約七百年の間、北方夷狄《いてき》は中華世界を支配し、言語まで変わった。仏教が西亜から東亜世界に至るまで主流思想となり、儒教はほとんど死滅に近い状態でした。儒教が死滅した理由は、経典の伝授できる儒者が逃散、あるいは死に絶えたからです。あの時代に仏教に対抗できるのは新興の土俗信仰の道教でした。

だから奈良、平安時代に中国大陸から日本に伝来したのは仏教だったのです。じっさい儒教が日本に流入したのは、江戸時代の新儒学である朱子学でした。

儒教は儒教なりの世界観（天下観、人間観、価値観）があり、それを受け入れる風土があります。皇帝制度、科挙《かきょ》制度、宦官《かんがん》など中華の風土から生れたものであって、日本はそれを、受け入れられる風土ではなかったのです。朱子学は宋になって北方夷狄の脅威の下で生れた新儒学だから、華夷の別をもっとも強調する極端な「排他性」と「唯我独尊」の学となりました。『資治通鑑《しじつがん》』も同様な時代条件下で「中華思想」を確立し、「中華史観」を完成させたのです。同じく新儒学の陽明学も、夷狄虐殺を「天殺」（天誅）と正当化する「虐殺の哲学」ですが、日本に流れ込むと「革命の哲学」となるのです。

日本の朱子学者が中国を「聖人の国」「道徳の国」「仁の国」と讃えたのは、その「経典」にある「理想」を「現実」として受け取り、あるいは誤解、誤伝したにすぎませんでした。

同時代でも江戸時代から生れた国学者の方が儒学者以上に鋭い洞察力をもっていました。国学者も儒学者も同時代人として、「道徳の国」を実地見聞したことがなかった。だが、国学者の方が儒教の根幹思想である「勧善懲悪」の本質的な欠陥を鋭い目で喝破《かっぱ》していたのでしょう。

「勧善懲悪」は現実的には不可能であるだけでなく、天命をうけ、万民を統率する「有徳者」だけでは明君になれないことは、中華帝国史上歴代王朝の明君が、すべてが父子殺し、兄弟殺しの勝者から「天子」の座にのぼりつめたもので、孔子が説く、「正心、修身、済家、治国、平天下」とは逆コースを辿ってきたことからもわかります。いわゆる「徳化」が現実的な人間社会では不可能だったことは、漢の武帝が儒教を国教化した直後にすぐ発現されました。だから建前としてだけ儒教を掲げる「陽儒陰法」「外儒内法」の国策になってしまったのだとも指摘されています。じっさい儒教国家は逆に人間の「良心」を奪ってしまったことも本書を読めばわかるでしょう。

中国人は建前と本音をうまく使い分けることはできるが、純と誠一筋の日本人は、それができない。それは日本が儒教ではなく仏教国家になった理由の一つでもあります。本居宣長をはじめとする国学者たちが説く、漢意・唐心と和魂・和心は、まさしく漢和の心の違いを根底から説くものでしょう。

世界を支配する「物理力」「社会力」「心理力」

日常生活の中で、人間は腕力、気力、権力、財力、さらに念力、霊力……とさまざまな力と接し、「力」というものを知ります。学校教育でも物理で「万有引力」を教えてくれる。私は先輩で同志の周英明《しゅうえいめい》博士から三つのことを教えられました。物理の世界は『三字経』に出てくる「天地人」ではなく、「時間と空間」、そして点・線・面など三次元から四次元などの世界。中国人のユートピアは一元的世界である「大同の世界」であるが、近代西洋思想は多元的な「大異の世界」が主軸。そして力学の世界は三つあって、「物理力（force）」と「社会力（power）」そして「心理力（ability）」である、と。

この教えは、私の物の見方と考え方に大きく影響しつづけている金言であり、仏教語で言えばまさに「陀羅尼《だらに》（梵文を翻訳しないままで唱えるもので、不思議な力をもつものと信じられる比較的長文の呪文。真言）」です。

以上のヒントから私が独自の分類法で「人間の力学」として、以下三つに分けました。

（1）物理学（force）

人間の本能的な、本来具有する腕力、武力、あるいはその延長や拡大としての集団や国家の力の行使としての兵力、軍事力など。これらはすべて直接的な戦闘力として勝敗を決定する力。物理的な力は、実戦場では攻撃力としての破壊力をもち、実戦場外では恫喝力としての威力をもっている。
（2）社会力（power）
合意によるものにせよ、外的強制によるものにせよ、人間社会に有する集団的力学関係は、人間の上下左右の複雑な諸関係を支配している。この力学関係をあやなす力は、政治力から経済力、法的な力から倫理の力までじつに多様である。一般的にいえば、政治権力、資本力、金力、マスコミ力、道徳力、伝統力……などの形をとっている。これらの社会的な力は、つねに圧力に抗力、または引力に斥力として、求心力と遠心力として複雑多彩な万人の闘いの勝負を左右する。人間の諸関係を規定する力として、間接的ではあるが、つねに物理的な力に転化することができる。
（3）心理力（ability）
心理的な力には、先天的な能力と「万人に対する万人の闘い」や「自然との競い」の中で、蓄積してきた後天的諸能力とがある。状況変化に対応する条件反射という一時的現象から、長期的に潜在する諸能力に至るまで、すべてこれに属する。たとえば、個人的能力としての記憶力、思考力、判断力、創造力、決断力、先見力……から他人に対応する統率力、説得力、交渉力、誘惑力、感化力……など人々を動かす力。

日本は今では「資源貧国」と思われているが、じつに「森」と「水」に恵まれ、長期にわたたる鎖国もできるほどの自然に恵まれた国だから、有限資源をめぐる争奪は比較的少なく、その風土から生まれたのが共生の文明です。（本書第一章、または拙著『森から生まれた日本の文明』ワック参照のこと）だから神代の「誠」から、吉田松陰の時代に至るまでに「至誠」で社会を律することができたわけです。中国人がいうように「我が族類に非らざれば、その心必ず異なる」という余所者の心への洞察力を欠く。そこにも日本人の心の弱さと危うさがあるのです。

「アメリカは台湾には蔣介石を投下した」

私とほぼ同年代の日本人、あるいは、いわゆる昭和一ケタ以前の日本人も「敗戦」という廃墟の中から日本が「経済大国」に至るまで、地獄から這《は》い上がってきた経験をもっていますし、もちろん地獄を見てきた人も少なくありません。

それでも台湾人のおかれた状況とはまったく違います。私の青少年時代には「アメリカは日本に二つの原爆を投下しただけだが、台湾には蔣介石《しょうかいせき》を投下した」「犬去ってブタ来る」という俚諺《りげん》もあるほど苦難・苦悩・苦悶の歴史が長かったのです。戦後、中国軍が台湾にやってきて、起こした二・二八事件と約四〇年にわたる「白色テロ」の時代の悲惨さは前に述べました。台湾人の精神史の中でもっとも暗かったのがあの時代でした。あの苦悶の時代の中でわれわれの世代以前の台湾人が人生に唯一求めたことが「出頭天」（青い空を見たい解放願望）だったのです。

なぜ李登輝の理想的国家像は「びくびくしなくても夜ぐっすり眠れる国家」なのか、身をもって体験した人間にしかわからないでしょう。しかし、われわれにとっては「国家」というものは、それだけで充分なのです。

われわれにとっては、もっと憂鬱で暗い時代もありました。日本政府は国民党政府と手を結び、在日の台湾人を弾圧したのです。「民族派」はたいてい国民党政府の翼賛下に入り、左翼諸勢力まで中国政府と手を結び、中国による台湾統一のために、日本で国民運動を起こす――とまで約束しました。台湾人の孤立無援の闘いはじつに八〇年代までつづいたのです。

当時台湾の民主化を支援しつづけていたのは、アメリカ議会の民主派議員と大学教授たちだけでした。人類共有の「普遍的価値」を求めて、「出頭天」に命を賭してきた志士たちはいっそう信念を強めていきました。

いかにして「弱者」の生き残る戦略戦術を学び、台湾人として生き残っていくのか。イデオロギーとしてだけではなく、兵学も必要でした。中国ははるか古代から「孫子兵法」をはじめとする「兵経七書」があります。日本は二千年近くも遅れて、やっと「甲陽軍鑑」

という兵法書が世に出ました。西洋近代兵学にもクラウゼヴィッツの『戦争論』がありま す。軍さえ持っていない弱者の生き残る戦略としては、より物理学と歴史学を結合して、競争の原理、法則を探り、体得することこそが活路でした。

前述した「力の世界」は、ジャングルの法則にしたがった弱肉強食の動物世界のように、純物理的な力によってのみ、人間世界を支配しているのではありません。力の網の目はつねに複雑多岐であり、相互作用を及ぼしている。物理の世界ではすぐれた攻撃力であっても、義理人情の世界になると「感情と伝統」が支配力となる。さらに法律の世界、道徳の世界、迷信や狂気の世界、金銭の世の中になると、またそれぞれの支配する独自の力学の方則や世界が立ち現われ、力の限界もあるのです。

競争の奥義はまさにそのようなさまざまな「力」の支配する世界の中にあって、敵にとって有利な土俵での対決をさけ、ひそかに敵を自分の陣地に誘い込む方法を工夫、あるいは創出することに尽きます。もちろん物理的、社会的力学の世界以外に、心理的力の世界もあるのです。

「四面楚歌」と旧約聖書のヨシュア記に出ているジェリコのラッパの故事にも見られるように、歌や音楽が戦争の場で決定的勝敗の力をもつことは、「心の力」を如実に物語るものでしょう。美や徳が力であり、「魅力」は暴力以上に力を発揮することも多い。文化・

文明の強靭さはその物理力よりも「魅力」にあると言っていいのです。

日本は中国からも朝鮮からも文化・文明の影響が強いというよりも強かった。だが「文明開化」後にはむしろ大中華や小中華の文物にたいして「悪友どもとの交遊謝絶」を意味する「脱亜入欧」を唱えるほどにまで否定的になります。

じっさい中華文明のコアは儒教と道教に対し、日本文明はむしろ仏教と神道です。メディアでさえ漢字文明よりも和字（仮名）文明というほど、同じ「東洋文明」といわれても、そこが分かれ道で、いかにも「異質的」なのは一目瞭然です。

中国の「世俗化」は儒教の国教化が原因であり、結果でもあると考えられる。文明の世俗化は現実主義、実利主義の横行をもたらし、「良心」まで喪ってしまったのです。世界の人たちにとっても、日中文明の比較はじつにきわめて示唆的なのです。

日本の風土「魅力の文明」から生まれた「万世一系」

論者によって文明の「かたち」は一様ではありません。たとえば文明の数については、『文明の衝突』で知られるハンチントンは「現存する文明」を七個あるいは八個とりあげましたが、アーノルド・トインビーは充分開化した文明と夭逝《ようせつ》した文明をも含めて、三〇個前後もとりあげています。

たいていの文明論者は、大文明と周辺文明、衛星文明以外に交流、対話、崩壊、あるいは衝突を語るのが多いのですが、私はむしろ比較文明から「文明の自殺」を論じました。

文明の性格と拡散の方向から見て、西洋文明が北向なのに対し、インド文明も中華文明もむしろ南向の文明として、私は地理学、地政学、さらに生態学から日中両文明を比較することにより、「共生文明」と「寄生文明」の生成原理を発見しました。さらに力学の世界から、「魅力」の文明と暴力の文明を分析するだけではなく、どう対処すべきかを課題として提起したい。

「政権は銃口から生まれる」というのはよく知られる毛沢東《もうたくとう》の名言ですが、近代国民国家の自由民主主義制度の原理とは異なる。それは中国限定の「政体」あるいは「国体」の原理であり、少なくともプロレタリア独裁（人民専制）の原理と考えるべきです。

もちろん、それは二十世紀に入ってから辛亥《しんがい》革命や社会主義革命の国家原理だけでなく、中国有史以来の「馬上天下を取る」という「易姓革命」も「易族革命」の原理でもあります。

「易姓革命」の原理は「徳」の盛衰が説かれる。「徳」が衰えると「天意天命」により、有徳者が天子となり、万民、さらに万国に君臨するということを建前とするが、そういうものは現実の世界では存在しません。中国がいう「徳化」、「王化」、「華化」は実質的には無力です。「王道」か「覇道」かも二者択一の問題ではありません。「易姓革命」云々とは実質的には「国盗」という強盗の理論なのです。

現在「プロレタリア独裁」の体制はもっとも中国的特色をもっと自画自賛してはいても、軍拡をつづけていかないかぎり、自存自衛さえできないのも物理的暴力の文明の風土から生まれたものでしょう。「社会主義文明の創出」を党大会の決議で何回謳っても、「文明」というものは「決議」だけで創出できるものではないことは、八千万人以上の党員だけでなく、一三億以上いる人民も知るべきです。今の中国文化や文明は「魅力ある」もの、つまりソフトパワーは、もはや存在しません。孔子学院の新々儒教にしてもです。

日本文明は列島という限定（定量）空間から生まれたもので、そこには今でも習合原理が機能し、対応力も習合的創造力も、いかなる危機にも充分対応、超克できるのは、まさしく日本的な風土から生れたソフトパワーにあります。「万世一系《ばんせいいっけい》」の国体も物理的暴力から生まれたものでは決してない。それは日本人の精神史の申し子であると言っていいのです。もし「文明の衝突」をすることがあれば、魅力の文明 vs 暴力の文明が主軸となるでしょう。

中国人ほど「世俗化」した民族はない

文明のコアについても、論者によって一様ではありません。トインビーによれば、政治、経済が表層で、文化、ことに宗教をコアとします。たいていの文明は「世俗化」して、没落すると宗教心も薄れていく。だが、世俗化はどの文明にもあるもので、世俗化即近代化になるとは限りません。

キリスト教、イスラム教のような一神教の国々に比べ、東洋の中国、日本は多神教的色彩が強く、宗教心も薄いということは事実です。それでも中国人ほど「世俗化」した民族はいない。中国人の世俗化は、周の時代（前一〇五〇頃～二五六年）からはじまっているとも推測されるが、孔子の「生さえ知らん、いわんや死を」、「鬼神を敬して遠ざける」の言葉が代表的でしょう。そもそも儒教徒とは、冠婚葬祭を司る葬儀屋のギルド集団からしてそうだったのです。

アジア文化の基層は「シャーマニズム」で、日本の原始神道も縄文文明から生まれたものと考えられますが、シャーマニズムがいっそう昇華し、理論化されたのが、「長江文明」から生まれた。老荘の自然回帰への思想と「黄河文明」から生れた自然を否定し、人為を重んじるのが「儒教思想」ではないかと想像します。戦国時代までに「百家争鳴、百花斉放」の社会条件は、その時代なりの思想風土の象徴でもあります。

だが、中華帝国の時代に入ると、自然の思想が大地から消え、人為の儒教思想が支配する時代になったことも、自然環境の変化に反応するものではないかと読み取れます。漢末から六朝の時代になると、外来の仏教が流入し、儒教が消滅の危機に瀕し、土俗の道教が創出して、仏教に抵抗したのも秦漢の中華文明から隋唐文明の変質を物語るものです。中国人が世界的にもっとも迷信が強く、カルト集団による、百鬼夜行の社会となったのも、中華帝国の時代以後、世俗化の昂進によるものだといえるのです。

宗教 vs 世俗との抗争が「三武一宗（中国で、仏教を弾圧した四人の天子）」から「洗回（清末起きた東トルキスタンをめぐるイスラム教徒の皆殺し）」「義和団事件」に至るまで、仏教徒、イスラム教徒、キリスト教徒などの皆殺し運動につながるのではないでしょうか。今もチベット、ウイグルの問題として残っています。だから、「宗教 vs 世俗」の視点からは、チベットは「釈迦 vs 孔子」、ウイグルは「モハメッド vs 孔子」との対立がその根底にあると読むべきです。

ではなぜ、中国は仏教徒、イスラム教徒、キリスト教徒をはじめ、すべての教徒に大虐殺で絶滅する以外に手がないのかというと、すべてが宗教心の喪失から「世俗化」したのが、もっとも根本的な理由なのです。自己中心にして「没良心」になったのも、宗教心の喪失からくるものです。

反対になぜ日本はそうではないのか。宗教心と世俗化という文化・文明史的視野からその心のちがいを見つめる必要があるわけです。

トインビーと空海に見る「包摂」する力

近現代の政治、思想や偉人までも賞味期限が短い。ますます短くなる傾向もあるほどです。もちろん大学者も思想家も例外ではない。それは時代がますます「多元化」の傾向が強くなり、変化が激しくなったことも、その一因かもしれません。もちろん例外が絶無ではない。たとえば西郷隆盛や坂本竜馬がそうでしょう。

だから止揚（アウフヘーベン）や超克はさまざまな意味で語られています。決して哲学の思弁の世界だけではないのです。たとえば終戦前に「近代の超克」が提起され、語られたのもその一例です。私が「台湾」の難題と課題を思索するのにさいし、よく「超克」を考え、「包摂」を考えました。「日本」に対してもその例外ではありません。ことに人物の影響力はなおさらです。

私がよく連想し、学ぶべき歴史の人物は二人います。近代でいえば、学者のトインビーと、平安日本の高僧・空海です。その説だけなく、生き様もそうです。

じっさいトインビーの洞察力の深さ、視野の広さ、思考の斬新性と厳密性、さらに学の造詣はすべてシュペングラーの上です。二十世紀最大の歴史学者と評されることさえあります。

学者への好き嫌いは別として、歴史学界は今でも国家や制度を研究対象としていますが、文明の研究は哲学や社会学の研究分野と見做されました。だからトインビーの文明に対する度を超えた強調は、直感、抽象、類推などと見做され、「破滅的な予言者」と批判され、非科学的と貶められました。歴史学界からだけでなく、文明論者からも袋叩きにされ、満身創痍になったこともあります。

だが、トインビーは自己批判と弁解のかたちで、一九六一年に『再考察』を世に問い、すべての論敵の批判、主張を自説の大袋に包みこんで、自分のものにし挑戦者よりも多く論文を出して、物量作戦で応戦したのです。論敵のものまで自分のものにするトインビーは決して排他的な態度ではありませんでした。

空海と最澄二人は、ともに平安時代を代表する高僧であり、両方とも長くてきびしい修行と思索を通じて、生命と宇宙の奥義を喝破し、それぞれの宗派を作った卓越した人物ですが、あらゆる面できわめて対照的でした。

空海の個性は、純な最澄とはちがって、包容力をもち、仏教の本義は仏法論争の中から得られるものではなく、実践のなかにのみ得られるものだと考えた。だから最澄とはちがって奈良仏教とは正面対決せず、じょじょにそれをみずからの仏教思想体系のなかにおさめました。

本書の第三章で、ヘーゲルの『精神現象学』と空海の『十住心論《じゅうじゅうしんろん》』の読み方をとりあげました。空海の『十住心論』は空海の時代までの「日本心史」を最も包摂的かつ綜合的なものに仕上げたものです。それだけに止まらず、複合文化主義、思想的、総合的普遍主義、そして多元的な価値観を容認する自由主義の性格という現代的意義をもち、今でも、生き続けています。賞味期限がますます短くなる近代人物とその思想を考えるのにさいし、空海という人物とその『十住心論』の思想としての強靭な生命力は、まさしく示唆的な典範となるのではないでしょうか。

第一章

「水」と「森」が生んだ日本文明

第一節　日本人の「水心」

日本人の自然信仰「水心あれば魚心」

「水心は魚心」「魚心あれば水心」

日本でよく耳にすることわざです。そもそもの出典は浄瑠璃《じょうるり》であるらしい。相手が好意を示せば、こちらもそれを見せる心があるというたとえです。以心伝心から転じて、相性がよいことを表すときもよく用いられます。

また、「水魚の交わり」という言葉もあります。魚と水は相性がよい、つまり魚の心はすなわち水への好意、水の心は魚への好意という意味で、日本の「おたがいさま」「思いやり」にも通じる精神です。共同体としての連帯意識にも通底するものでしょう。

仏教の考えでは宇宙万物「皆有仏性」と説くので、「山川草木国土悉皆成仏」という天台本覚思想が生まれます。道元の『正法眼蔵《しょうぼうげんぞう》』では、木石《ぼくせき》など生物から無生物に至るまで「仏性」、心があると説いていています。

仏教の宇宙観や自然観、人間観だけではありません。日本人は古代から自然への信仰心＝アニミズムがあるから、「魚心あれば水心」というたとえにすぐ共感できるのです。魚に心があるなら水にもそれに応じる心がある、という意味です。「魚心」から私が連想するのは、荘子と恵子《けいし》による「魚心」をめぐる論弁です。

ある日、荘子と恵子が、川を渡る飛び石の上で遊んでいた。清流を悠然と泳ぐ魚を見た荘子が言う。

「川魚がゆうゆうと泳ぎ回っている。あれが魚の楽しみというものだ」

するとすかさず恵子が反論した。

「君は魚ではないのに、どうして魚が楽しんでいるかわかるのか」

荘子は負けずにこう答えた。

「君は私ではないのだから、私が魚の楽しみを知っているかどうかまでわかるはずがないではないか」

しかしもちろん、魏《ぎ》の宰相にまでなった詭弁《きべん》学派の巨魁《きょかい》である恵子が、そのまま口をつぐむはずはない。

「なるほど、私は君ではないから、当然君の心の中ではわからない。しかし同様に君も魚ではないのだから、君に魚の楽しみはわからないともいえるのではないか」

荘子はゆっくりとこう答えたという。

「では、最初から話の順序を追ってみよう。はじめ『君はどうして魚の楽しみがわかるのか』と言ったのは、君はすでに私が魚の楽しみを知っているかどうかを知って私に問いかけてきたのではないか。ならば魚でない私が魚の心を察したとしても、不思議はあるまい。私は飛び石の上に立っただけで、魚の心を知っていたのだよ」

これが中国の「百家争鳴、百花斉放」の時代、老荘思想の代表的人物である荘子と、名家（詭弁家）の巨頭・恵子による水掛け論です。荘子が魚の楽しみを知ったのは、直感によるものです。魚心を知ることができなければ、人は対象を観察しえないばかりでなく、それを認識することもできず、認識の対象はすべて不可知ということにもなります。

日本には水がつくことわざが多い

「魚心あれば水心」にかぎらず、水にまつわる熟語やことわざは百以上にのぼるといわれます。水から生まれた格言は、日本人の生活史から生まれた知恵でもあります。インドや中国など外から入ってきた言葉もあるが、多くは日本の山川草木から生まれたものです。

水入らず………他人を交えず、内輪の親しい者だけでいる。

水を差す………うまくいっているところに邪魔をする。

水が入る……相撲の取組を一時中断させる。

水になる……ふいになる、無駄になる。

水にする……効果を失わせる、空しくする。

水をかける…勢いをそぐ。

水掛け論……日照りのとき、百姓が自分の田へ水を引き込もうとして互いに争うことから、双方が理屈を言い合って果てしなく論議することをさす。

水を向ける…暗示を与えて様子を探る。相手の関心をある方向に向けるよう誘いかける。巫女が霊を呼び出すときに水を差し向けることからきた言葉。

水に慣れる…新しい土地や環境の風土・気風に合う。馴染めないことを「水に合わない」という。


風土から生まれた日本の造語には「水」のつくものが多い。それは砂漠や大河の文明から生まれた言語とも異なる点です。水にたとえる言葉そのものもまた「みずみずしい」。たとえば「水の滴《したた》る」は、つやつやと色気のある美男美女を形容する言葉です。「水を打ったように」は、大勢の人間が静まり返るさまをいいます。

「水を得た魚」は自由な活動の場を得たことを指します。中国語でも自由、解放を表す言い回しに「如魚得水、如鳥翔空」があります。

中国の古典からくる言葉もある。「水の低きに就く如し」は『孟子』の言葉で、事物の自然な成り行きに従うことを表す。『荀子《じゅんし》』の「水は方円の器に従う」は、水が器によってどんな形にも変わるように、人が交友関係や環境によって善にも悪にも変わることを示します。

他にもインド仏教や中国古典、老荘思想からくるものも少なくありませんが、たいていは日常生活から生まれた庶民の知恵によるものです。

「兎追いし　かの山　小鮒《こぶな》釣りし　かの川……」

これは誰でも口ずさめる小学唱歌の一つですが、これはいくら歳をとっても郷愁を誘います。

日本に大河はないものの、小川はどこにでもある。故郷の風景の残像として、小川が郷愁を呼ぶのはごく自然な感情です。ことに「川の流れ」は日本人の無常感・漂泊感を表す記号として、また心情としてよく用いられています。

民謡、流行歌は、その地・その時代の民衆の心情を唄うものです。見田宗介《みたむねすけ》氏の『近代日本の心情の歴史—流行歌の社会心理史』（講談社学術文庫、昭和五十三年）は、日本人の心情の記号としての流行歌の変遷から、怒り、悲しみ、喜び、慕情、義侠《ぎきょう》、未練、おどけ、孤独、郷愁とあこがれ、無常感と漂泊感などの心情史を、一〇章に分けて分析しています。

いうまでもなく歌詞は心情をよく表すものですが、無常感や漂泊感を表すときには川や浮草、水草などがよく見られます。水に浮かぶ如き浮世は、無常の思いや郷愁を誘うものなのです。

「水に流す」が日本の思想の根源

「水に流す」思想は、水と森の文明から生まれた日本人の宇宙観や歴史観、人間観そのものであり、もっとも日本的な性格でしょう。

緑に包まれた日本には川が多い。清流や滝はあらゆるものを洗い清める浄化力を持つ。この風土が、自然の神々を信仰する心を生み育てたのでしょう。

キリスト教やイスラム教、ユダヤ教はもちろん、仏教や道教にもさまざまな戒律がありますす。しかし神道には戒律らしきものはありません。あえてそれらしいものをあげるとすれば「清めよ」、つまり「禊祓《みそぎはらえ》」くらいでしょう。

古神道の「禊」とは、神に近づくにふさわしい体となるために川や海で身をすすぎ、洗い清める行事です。「祓」は神に祈って罪や禍《わざわい》を取り払う神事だという。「みそぎ」が身を、「はらえ」が心を清めるのです。

海に囲まれ、また清流にも恵まれている風土だからこそ、豊かな水によって清浄をたっとび、ケガレを忌み嫌う日本の文化が育ったのでしょう。

　この清浄を愛する心によって「きれいな水から万物の生命が生まれ、あらゆるケガレや罪を洗い流す」という考え方が生み出され、水の浄化力を信仰する神道が育《はぐく》まれました。浄化力のない滔々《とうとう》たる黄河の濁流から生まれた中華文明とは、水に対する考え方が基本的に違うのです。

　神代の時代から清流に育てられてきた神道のみそぎはらえは、平安時代に外来の仏教の垢離《こり》の思想と習合し、公私にわたる多くの行事に用いられました。水行や滝行、水垢離、寒垢離《かんごり》、斎戒沐浴《さいかいもくよく》などの修行も形成され、個人や集団からやがて国家の「大祓《おおはらえ》」のような行事にまで発展したと考えられます。

「水に流す」という思想は、神道のみそぎはらえから来たものです。天つ罪を犯したスサノオノミコト（素戔男尊）さえ、高天原《たかまがはら》から追放された後に出雲の肥の川（斐伊川《ひいかわ》）上流でみそぎはらえを行ったことで、一躍敬愛される神となった。それはみそぎはらえによって再起、再生を認める変身の原点です。濁流と黄土の国で、いつも水旱《すいかん》（洪水と日照り）に襲われつづけてきた中国人には思いつかないことでしょう。

　水は万物を生む産霊《むすび》の霊力とともにはらえの霊力を持つ、という神道の原初的観念が、「水に流す」という発想の原点です。水がいっさいの罪やケガレを洗い流して浄化するからこそ、水に流せばきれいな身になる、と考えられるのです。

古神道で「神は清浄を好み給う」「神は不浄を受け給わず」というように、神は清浄な所にしか降臨しないと信じられてきました。だから神々の歓心を買って呼び迎えるには、身や心だけでなく社会環境をも清めなければならないことになります。世界一清浄な国民と国土を育ててきたのは、まさしく神道のみそぎはらえの神事であり、思想です。

「水旱の国」中国の民は、自称「歴史を重んじ」「歴史を鑑にする」「前事不忘、後事之師（歴史を師とする）」から、関心を常に過去に置き、後ろ向きになりやすい。そこから過去にこだわり、恩とともに仇を忘れない、恩義主義と復仇《ふっきゅう》主義の「怨」と「恨」の文化が生まれたのです。

逆に過去にこだわらず水に流し、前向きな進取の精神を養ってきたところに、今日の日本があります。

だが太古から培《つちか》われてきたこの「水に流す」文化と日本人的な性格は、戦後大きな危機にさらされています。中韓から突きつけられる「過去一時期」の、いわゆる「正しい歴史認識」に対する反省と謝罪の神事化です。過去より現在と未来を重んじる日本の伝統文化が、いつしか「過去」に振り回されてしまうことにもなるでしょう。

未来志向の日本人にとって、これほどの文化的危機があるでしょうか？

けです。

死ぬまで絶対に謝らない中国人、謝罪好きな日本人

「水清ければ魚住まず」ということわざがあります。近代科学から考えればごく当たり前のことで、魚が水生生物やプランクトンを必要とするからです。

しかし、このことわざでは、清き水とは高潔な人格を意味します。俗風や弊風《へいふう》に染まらず悪党とも組まないので、かえって人に親しまれず、社会から孤立してしまう、というわけです。

今でも中国には「良心ある人は社会から孤立し、有能な人は早世する」という俚諺《りげん》がありますいわゆる「同流合汚」で、濁流に一緒に入らなければやっていけません。また才能があっても、韜晦《とうかい》の術を習得して馬鹿を装わなければならない。さもなければ周りに叩かれ、若いうちに芽を摘み取られてしまうからです。

「流る水は腐らず」ということわざも、渓流や湖沼《こしょう》を観察して得た生活の常識と思われます。常に流れる水は腐らない。自浄作用が清流を保つのです。同様に、常に止まらず進めば、停滞に落ち込んだりはしません。

「死ぬまで絶対謝らない」は反省しない中国人の常套句ですが、日本人は対照的で、過去の過ち——いわゆる歴史問題に限らず、反省と謝罪が三度の飯より好きです。いつでもどこでも「すみません」「ごめんなさい」を連発する。

民俗学者である荒木博之《ひろゆき》氏の『日本人の心情論理』（講談社現代新書、昭和五十一年）によれば、「すみません」は「澄む」が語源で、水の流れを濁らせたことを意味するといいます。「澄む」「住む」「済む」はもともと同義同音で「濁り動いているものが清らかになり静止する」が「澄む」です。ゆえに「澄む」は「済む」ともなり、そして静まりとどまることが「住む」となるのです。

川を汚すことは「澄まない」ことであり、きれいにするには斎戒沐浴が必要となります。だから「済まない」ということになるのでしょう。

日本人は、中国人のように「善悪」ではなく、「美醜」を重んじる。ケガレを忌み嫌うがゆえにみそぎはらえで清めるのです。「流れで耳を洗う」ということわざも、汚れたことを聞いた耳を清める行為からくるもので、俗世間から離れて隠遁《いんとん》することのたとえでもあるのです。

日本神話にみる水の神たち

「記紀」に出てくる八十神《やそがみ》や八百万《やおよろず》の神には、水の神が数多くいます。

黄泉国《よみのくに》から帰ったイザナギが川の流れに入って禊ぎをした際、左の目から生まれたのがアマテラス（天照大神）だった。水の浄化力から清浄無垢な女神が生まれる直前には、ソコツワタツミ（底津少童命）、ナカツワタツミ（中津少童命）、ウハツワタツミ（上津少童命）、ソコヅツノヲ（底筒男命）、ナカヅツノヲ（中筒男命）、ウハヅツノヲ（上筒男命）という六柱の水神が相次いで生まれています。

アマテラスを祀る伊勢皇大神宮も五十鈴《いすず》川の川上です。神社には鎮守《ちんじゅ》の森はもちろん、清流が欠かせません。

スサノオが姉のアマテラスを訪れた際、二人の神は天の安河を挟んで誓約《うけい》を交わしました。まず持ち物を交換して、アマテラスがスサノオの剣を受け取り、天の真名井《まない》で口をすすいでそれを噛み砕いた。その吹き出す息からタギツヒメ（湍津姫命）、タギリヒメ（田霧姫命）、イチキシマヒメ（市杵嶋姫命）という三人の女神が生まれる。

次いでスサノオが、アマテラスの珠を噛み砕いて霧を吹いた。そこから誕生したのがオシホミミ（天忍穂耳命）、アメノホヒ（天穂日命）、アマツヒコネ（天津彦根命）、イクツヒコネ（活津彦根命）、クマノクスビ（熊野櫲樟日命）という五人の男神です。このオシホミミの子がニニギ（瓊瓊杵尊）で、皇室の祖先となりました。ここでも神の誕生と水には深い関わりがあるのです。

ニニギの降臨、いわゆる天孫降臨を先導したとされるサルタヒコ（猿田彦命）は、アメノウズメ（天鈿女命）を伊勢まで同伴して、魚を捕りに水に入った。そこで溺れて、ソコドクミタマ（底度久御魂）、ツブタツミタマ（都夫多都御魂）、アワサクミタマ（阿和佐久御魂）という水霊と化します。

ニニギの子であるホデリ（火照命）とホヲリ（火遠理命）は「海幸彦と山幸彦」の神話で有名です。山幸彦＝ホヲリが、なくした兄の釣り針を探しに海神の宮に行く物語です。海神の娘トヨタマヒメ（豊玉姫）と結婚したホヲリは、海水と雨水を支配する海神の加護によって、海幸彦＝ホデリとの争いに勝った。それでホデリの子孫の隼人《はやと》は、ホヲリの子孫である代々の天皇に仕えるようになったという。したがって、ホヲリは水の力で兄に勝ったのです。

トヨタマヒメの産んだ子・ウガヤフキアエズ（彦波瀲武鸕鷀草葺不合尊）は、母の妹であるタマヨリヒメ（玉依姫）を妻にします。この水の女神との結婚から生まれた神武天皇こそ、天皇家の祖先です。

またスサノオの子孫とされるオホクニヌシ（大国主命）と力を合わせて国造りをしたスクナビコ（少名彦）は、粟《あわ》の実のように小さかった。淡島に行って粟の茎に登り、茎に弾かれて、海の彼方にある常世の国に飛んでいってしまう。意気消沈するオホクニヌシに国造りの完成を約束したのは、海を不思議な力で照らしながらやってきた三輪山の祭神であったという。

大地母神への信仰は「葦原の水穂の国」＝日本だけではありません。水の生命力と結びついた母なる水の神の信仰は、太古の時代から人類に共通するものです。

洪水神話は世界に多い

ユーラシア大陸には洪水神話が多い。大洪水が人類をいったん滅亡させたという話は、インド・ヨーロッパ語族に多く見られます。その多くは、メソポタミアの神話から派生した『旧約聖書』のノアの箱船の話から来るものと言われています。インドのマヌの物語、イランのイーマの物語、古代ギリシャ・ローマの神話にも同様の話があります。

古代メソポタミアのシュメール人は、天、地、空気、水の四神を信仰していました。エジプトの創造神はテムで、左右の目から空、空気と水、湿気が生じ、天の水の中から星や惑星、神、人、動植物が生まれたという。ギリシャの神話では、原初のカオス（水）からガイアという女神が生まれ、山や川、海、平原、地球を生みます。

中国の水神である龍王も雨を支配し、四海を四つの龍王が司っています。また聖書と同様の大洪水の物語もある。伏羲《ふっき》と女媧《じょか》の兄妹が登場する洪水神話がその一つです。

中国では、水を治めることは政を治めることです。『史記』夏本紀では、堯舜《ぎょうしゅん》の時代に禹《う》が治水を成功させ、中国初の王朝・幻の夏王朝の始まりとなりました。小学校の教科書にも出てくる有名な話です。

しかし、伝説では成功したことになってはいるものの、黄河を治めることは不可能でした。『呂氏春秋《りょししゅんじゅう》』によれば前十七世紀、夏を滅ぼし殷王朝を建てた天乙《てんいつ》（湯）の宰相であった伊尹《いいん》は、大洪水に巻き込まれた母が桑《くわ》の大木となり、その幹から生まれたという伝説があります。ここから伊尹が洪水神だという説も生まれました。

神話の時代からどんなに「治水の成功」を謳《うた》っていても、水を治めることは時代が下ってもますます難しくなっていき、水害と旱魃《かんばつ》による山河の崩壊を止めることはできなくなります。自然の脅威に対し、人為がさらに拍車をかけることもありました。

たとえば一九三八年六月九日の「黄河決壊事件」では十一の都市と四千の村が水没、死者百万人、被害者六百万人で、その後遺症は何年も続いた。はじめは「日本軍の空爆によって決裂された」と宣伝したものの、蔣介石が日本軍の西進を阻止するため自作自演だったことが後に明らかとなりました。蔣の次男・緯国《い》は著書の中で、犠牲になった民衆を「すすんで国に命を捧げた愛国者」だとうそぶいているが、まったく無意味な犠牲だというしかありません。

また毛沢東の偉業として「山々をひれ伏させ、河川に道を譲らせる」「人民の勝利」と謳われる黄河上流の三門峡ダムをはじめ、建国初期には八万にのぼるダムが作られた。それらは今砂ダムとなって、崩落・崩壊の危機に直面しています。「水力文明」とまでいわれる中国文明は、神話の時代から数千年にわたって自然と闘ってきたが、ひれ伏させることはできませんでした。

歴史記録に残っているだけで、黄河は二六回も流域を変えています。中世ヨーロッパの人口を半減させた黒死病は、黄河が流域を変えた際に脱出したネズミのペスト菌が感染源だとも言われている。この時代、中国でも人口の三分の二がペストで死亡したのです。

水旱の源を治めれば治めるほど、問題がますます深刻化することは、中国数千年の歴史が物語っています。

水の信仰から生まれた「共生」の思想

日本の八百万神や八十神のパンテオンに、悪神や善神の戦いはなく、せいぜいスサノオが一時的に暴れ回ったくらいです。だがスサノオもやがて禊祓して、尊敬される神になります。

柳田国男によると、日本文明は稲作文化、それも雑穀や陸稲《おかぼ》のような畑作ではなく水田農耕なので、水や共同作業の大切さをよく知っていたという。だから雨や水、山への信仰、そして共生の文明が生まれたのです。

山の民や田の民、海の民は、毎日自然と接し、水への畏敬を育んでいきました。また水は罪を祓い、ケガレたものを清める。水の精霊の力を信じ、その恩恵に感謝するので、治めたり敵対したりすることなく共生を選んだのです。

水の恩恵と脅威を畏れるゆえに水神を崇め、水に神が宿り、また水は神であると考える。古代日本人は岩を「雲根《うんこん》」「磐坐《いわくら》」とも呼びました。霊や神が岩にいると考えたからです。これが、雨を降らせる雲は山や岩から生まれるという山岳信仰にもつながりました。三輪山は神体山として知られています。

日本の水神として知られるのは、ミツハノメノカミ（罔象女神）、住吉神社のソコヅツノヲ、ナカヅツノヲ、ウハヅツノヲをはじめ、宗像《むなかた》神社のタギツヒメ、タギリヒメ、イチキシマヒメ、海上安全を司る宇佐八幡、京都の石清水八幡、瀬戸内海の海賊を防ぐ愛媛の大三島神社などです。那智神社は滝、熊野本宮は熊野川、熊野神宮は海を、それぞれ信仰の対象としています。

海神、水神である弁才天は、インドから中国を経て伝来しました。もとはサラスヴァティー川を神格化したものだと考証されており、日本でも池や川など水辺に祀られています。

水は魂を若返らせる霊力を持ち、生命を新たにしてくれると考えられました。元日に汲む「若水」は年毎の再生のための儀式であり、死に際の水は今の世のケガレを注ぎ、再生を願う水です。

水の霊力を信じ、水を治めるのではなく共生することを選んだ日本の水信仰には、日本人の水心が投影されているのです。

日本人が持つ「水心」はアニミズムではない

水の歴史は人類の歴史よりはるかに古い。私はかつて台湾史について研究したとき、文字で記述された「歴史」よりも、書かれていない水の歴史に目を向けるべきではないかと考え「水文学的史観」と名づけて講述したことがあります。歴史には、文字のあるものとないものがあるからです。

有史以来、水はさまざまに見られ、考えられ、また説かれてきた。神話には水神の伝説があり、その霊力が信じられてきました。古代の創世神話や汎神論の上からの洞察もされてきています。

古代ギリシャのタレスやエンペドクレスは火、空気、水、土（元素）を唱え、アリストテレスはさらに、それらの霊的本質であるエーテル（アカシャ）という第五の元素を加えました。古代インド人は火、水、大気、土に続く五番目のエーテルをタトワと呼んだ。エーテルは地球を超えてすべての空間に満ちており、そこから世界が生まれたという。またそこを通って真空にエネルギーが送られると信じられていました。

神話や宇宙を構成する要素・原理はそれぞれ異なるが、類似するものも少なくありません。中国や日本も、火、水、木、金、土を五元素としています。生命の水は誰もが持っているが、その価値を知らないままだというのがユングの説です。

混沌《カオス》の水に始まり科学としての水まで、人類は思索し続けてきました。その神秘については、じょじょに解明されつつあるが、科学だけで解き明かせるものではありません。水ほどありふれたものはないが、液体、固体、気体と変化する水ほど不思議なものもないのです。

地球的な規模での水不足と水汚染はきわめて深刻です。川や湿地帯は干上がり、大地が乾いていく一方、洪水が人々を襲う。加えて川や湖、海洋まで汚染されていく。二十一世紀の人類は、水について重大な決断を迫られているのです。それは水の惑星である地球文明の崩壊に対する決断の時でもあります。

水と森から生まれた日本文明は、水の霊力を信じ、水稲農業で神代の時代から日本人の水心を育ててきました。神道から生まれた水心が、水への信仰をいっそう深めた。水の生命力を知り、その循環を利用して作られた文明こそ、日本の水稲文明です。江戸城の水循環システムも、世界から評価されています。

水の精霊への信仰はただのアニミズムではなく、自然回帰の心です。日本人が持つ「水心」は、自然への愛情と回帰にもつながっているのです。

仏教思想の「空」は中国に入って「無」の思想となり、日本では「心」となる。「心経」として読まれ、心学として探求され、仏教そのものが日本の風土の中で心教となりました。水の未来についても、水の心から水の倫理、水の生命へと深化していってよいのではないでしょうか。それは人類共通の課題であると共に、あらゆる生命あるものの運命に関わる問題でもあるのです。

第二節　日本人の「森の心」

木を植える日本人、切る中国人

戦前台湾最南端は高雄州。今現在でも紛争の地、東沙、南沙群島は日本人が発見した島で新南群島と称され、高雄州に所属していました。高雄市の北部に当時日本最南端にして最大の海軍軍港左営があり、その北部に海軍航空隊最大の飛行場があった。それが岡山《おかやま》飛行場で、今でも中華民国最大の空軍基地で、空軍軍官学校、機械学校、通信学校の所在地でもあります。

そこが私の生まれ故郷です。家の近くに鎮守の森があって、中には岡山神社がありました。石橋をわたればすぐ神社の境内だが、入ったことがあるかどうか憶えていません。ただ、今でも憶えているのは、大人から「神様の座すところだから境内に入って遊んだらだめだよ」といわれたことです。近くの広場で見知らぬ兵士から軍歌を教えられ、二人だけの駆けっこでハンカチをもらったことがあることを鮮烈に憶えています。

小学一年生の時はすでに大戦末期だから、多分レイテ海戦の後、私の町ではじめて爆撃をうけたのは三階建ての病院です。空爆された後は野次馬でいっぱいでした。私も野次馬に混じって見に行きました。私のクラスメート王愛三郎の家で、彼の親父は岡山の名士でした。以来毎日空襲警報が鳴りっぱなしで、夜は探照灯が暗闇の空を斬り、敵機を探しまわるばかりの様相でした。わが黄一族も山の奥へ疎開せざるをえませんでした。そこで隣の誰それが爆死された風聞はしきりに山の奥まで伝わり、私の家も爆砕され、防空壕に入っていたオバも、生き残って山の奥まで逃げて来て合流しました。

終戦後、疎開先から岡山にもどりました。すでに家は消えたので、一家は借り屋住まいの生活になりました。小学校教室は爆撃で約半数が倒壊し、木材に刺さった破片など金属廃品を学生があつめては売っていました。テニスコート一面に戦車《タンク》十数台が並べてあったので、私はよくそこでかくれんぼ遊びをしていたものです。国語の授業も日本語から台湾語、小学三年生のころから中国語の教育となりました。

戦後には岡山神社も変わりました。神殿は憲兵隊、媽祖廟《まそびょう》になり、廟内に媽祖以外にはさまざまな神様の偶像が並べられています。戦後になってから数十年ぶりに復活したのです。鎮守の森の西側にもう一つの関羽（『三国志演義』の武将）とお釈迦様を祭る聖帝堂という寺廟があって、媽祖廟とともに土俗宗教の中心となっていました。

戦後故郷の鎮守の森は大きな変化がありました。それは森が年々消えていったことです。たいてい道教の寺廟の周辺は木や森が消え、山水画のような荒涼たる景観になることが多いのです。故郷の鎮守の森の変遷から、私が発見したのは、日本人とは「木を植える民」、中国人とは「木を伐る民」という国民性でした。

空から見た日本列島は感動的な「森の国」

七〇年代の後半から数年間旅行ガイドの仕事をやったことがありました。いちばん忙しい年には年に五〇回前後も航空機を利用しました。不思議と空との縁は年に十数回もあり、現在に至るまで続いています。

空港から飛び立って、空から地上を見ると、上昇とともに工業団地と高層ビルが消え、平野と田畑が消え、雲にさえぎられるころにはあたり一面森、森、森です。北海道から九州、そしてもっとも南の島々に至るまで、空から見た日本列島は山の国、森の国なのです。

古代日本は森の民、田の民、海の民がおり、その交流から日本文化が生まれたともいわれるが、それは食文化にも多く残されています。しかし、少なくとも空から見ると、万余年以前からの縄文文化が日本文化第一の基層で、森の文化が日本文化の本流だということがわかります。

そもそも東アジア文化、ことに精神、思想、宗教などの文化史から見れば、もっとも下の基層がシャーマニズムと考えられ、日本の原始神道のアニミズムもそこに属するわけです。そして、アニミズムをもとに論理化したのが、北方の黄河文明から生まれた「人為」を説く「儒教」と、南方の長江文明から生まれた「自然」を説く道教ではないでしょうか。あまりとりあげられていないのは、珠江流域から雲貴高原に至るまでの地域で、日本でも一時研究調査されている「照葉樹林文化」地帯は、儒教や道教とはちがって、そこが「鬼神文化」の世界であったことです。

日本はなぜ中国のように儒教ではなく、仏教国家になったのか。江戸儒学・朱子学が徳川政府からあれほど国教に近い地位を獲得しても、なぜ日本は儒教国家にならなかったのか。日本は森の国だからこそ「共生の文明」を生み出すことができたのです。

世界でも珍しい虫を愛する民族

都会に住むと、カラスの声は多いが、蟬の声はめったに聞かれません。したがって、季節感がない。私はよく旅行にいきますが、宿に泊まっていると朝日が昇る頃に森からいっせいに蟬の声が聞こえてきます。懐かしい声です。だが、幼い頃に聞いたものとは少し違う。それでも、もう初夏だという季節感を感じることができます。

若い頃、蟬の声が聞こえる季節になると、母がよく「そろそろマンゴーの実が黄色くなる」といっていました。マンゴーは青いままでも、醬油に砂糖とすったショウガを入れたものにつけて食べるのです。酸っぱいが、それもマンゴーの食べ方のひとつです。だから青いマンゴーは果物屋でも普通に売られています。

蟬の声は、その青くて酸っぱいマンゴーが黄色く甘くなることを告げてくれるのです。そのため、私は蟬の声を聞くと黄色い色と甘いものを連想します。幼い頃は草むらの蟬と森の蟬の声を区別することができました。草むらの蟬は身体が小さく、赤っぽい。蟬の声を聞きながら遊び仲間と一緒に忍び足で草むらの蟬をとって食べたこともありますが、甘酸っぱいか辛酸っぱい味しか覚えていません。もちろん、それは台湾で空襲をさけて田舎の山奥へ疎開した幼い頃の思い出です。

物理学の世界には宇宙物理学というマクロの世界もあるように、量子物理学というミクロの世界もあります。空から見た日本の森と、森で聞いた虫の声も、日本人の心を知るためのの、いわば極大と極小の世界なのでしょう。とすれば「木を見て森を見ず」と同様に「森を見て木を見ない」ことも、ものの見方としては完璧ではありません。

日本人は古来より、虫を愛するきわめて珍しい民族です。『日本書紀』をはじめ、古典には虫の話がじつにたくさん出てきます。中国人は虫が大嫌いだが、カイコだけは利益になるので例外です。『韓非子《かんぴし》』にもそのことが紹介されています。

また、西洋人にとっても、蟬の鳴き声は騒音でしかありません。西洋で秋の虫の声に耳を傾けたなら、奇人変人と思われるのがオチです。小泉八雲は縁日での虫売りの光景に心を惹かれ、昔から虫と親しみ、虫と遊び虫を愛でてきた日本の文化にも惹かれました。虫の声を愛する日本人が非常に上品な、芸術的で美的な生活を送っていることに強い関心をもち、『虫の音楽家』（ちくま文庫）の中で西洋人について次のように述べています。

虫がそれぞれの特有の声で珍重されているのだと聞いたら、きっと不審に思うにちがいない。そういう連中にある非常に洗練された芸術的な国民の美的生活の中では、これらの鳴虫がちょうど、われわれのツグミや紅雀やナイチンゲール・カナリアなど鳴鳥が西洋文化の中で占めている位置に比べて勝るとも劣らぬ位置を占めているのだということを納得させるのはなかなか容易なわざではあるまい。

虫メガネの世界観

対照的に中国人はでっかいものが大好きで、その象徴が万里の長城でしょう。中国人の巨大志向は領土観にも見られます。さすがに「天下王土に非らざるものなし」という王土王民思想は現代では通用しませんが、領土は大きければ大きいほど好いという版図観はほとんど変わっていない。だからほとんど根拠のないシベリアも中国とは絶対不可分の固有領土だと主張して止まないわけです。ダマンスキー島をめぐる中ソ戦争がそうです。

中ソだけでなく、中印も中越の戦争も、そして南シナ海、尖閣をめぐる紛争の根源は中国のその巨大志向からくるものです。日本にも秀吉のような豪華絢爛《けんらん》たる巨大志向がありましたが、むしろ利休のように、一畳半の茶室という極小の空間から茶道を極めようとする美意識の方が、共感するひとも多いでしょう。禅の公案でも、芥子粒のような小さなものに、須弥山のような大きなものをおさめ入れることができると説いています。

いうまでもなく、虫メガネは小さな虫から生まれたミクロの世界をのぞくメガネです。もちろん、虫のつく言葉は日本人のものの見方と考え方だけでなく、心を語るロゴスでもあります。「虫がいい」「虫が好かない」「虫が起こる」「虫を起こす」「虫を殺す」「虫が納まる」「虫がかぶる」「虫が嫌う」「虫も殺さない」「虫がつく」……などの造語法は森の文化と田の文化から生まれたもので、「虫の知らせ」や「虫が知らせる」という言葉は「第六感」や「超心理学的」世界のものとなるでしょう。縄文人や弥生人は虫とどうつきあってきたか、好奇心をそそられるところです。

四季がはっきりしている日本では、鳥のさえずる声はおもに春や夜明けを告げますが、虫の声はおもに秋や夕闇の訪れとともにやってくるので、繊細にして「もののあはれ」を感じさせます。おそらく、世界広しといえどもそこまで虫の声と共鳴できるのは日本人だけでしょう。

閑かさや岩にしみ入る蟬の声

いかにも心にしみる芭蕉のこの一句の境地を理解するのは、西洋人にはさぞかし困難なことなのです。

庭草に村雨ふりてこおろぎの鳴く声聞けば秋づきにけり（『万葉集』巻十）

こおろぎの声に秋を感じて、いつ聞いても飽きぬと歌っています。虫の声を愛でる日本人の感性と自然への愛、自然と一体となって暮らす日本の文化を理解するのは決して容易ではないのです。ところで、高橋千劔破《ちはや》の『花鳥風月の日本史』によれば、日本人が虫を捕まえてきて虫かごに飼い、その鳴き声を楽しむといったことを行うようになったのは江戸時代になってからのようです。

草木を愛する長い歴史が華道を生む

日本人はじつに花木を愛する民族で、シンガポールの植物園の入園者も日本人がトップです。少しの土地にも、それどころか鉢さえあればベランダにも好きな花木を植えています。

反対に中国人は、たいてい花木を目にするとすぐ摘み取るか、切るかです。樹木への関心は薬用や用材、あるいは果物ができるかどうかにしか関心がありません。『荘子』の寓話には、用のない木が老木巨木になるという話が出ています。

文革のころ、公園の花木は資本主義批判の嵐にあい、斬り倒され、代わりに生産性の高い果樹を植えられました。中国の古典には木を斬る記録があっても植える記録はありません。世にも不思議な中国人の衝動は、神話化された「大禹治水」は木を植えるのではなく、木を斬って水を治めるという愚行だった。だから中国人が襲来するところ必ず禿山となり、砂漠化になってしまうのです。

日本には古来より、さまざまな花木と親しんできた歴史があります。四季折々に咲き続ける花は日本人の感性を培い心を育む、日本人の精神史の一部になっています。一般に「花伝書」として知られる世阿彌の『風姿花伝』は、父観阿彌の遺訓を忠実に子孫に伝えようと書かれた能楽論集でありますが、花と心を多く語り、能の生命を「花」にたとえて論じています。能の奥義だけでなく、人生訓ともなっているのです。

また、『仙伝抄』をはじめとして、華道の奥義を記した書もじつに多い。花そのものをいかに美しく挿すかだけでなく、いかに美しく趣き深く飾るか、つまり花をいかに生けるかという芸、その修練を積むことを求める道がいわゆる華道です。華道史をひもとくと、華道とは成熟に至るまでの長い歴史があることがわかりますが、それはそのまま花木を愛する日本人の心の歴史だといっていい。華道が日本だけに成熟したのも、花木を愛する日本人の心があったればこそです。日本人は豊かな自然の中で、花をただ美しいものとして観賞し飾るだけではありません。その奥に秘められた花の心・人の心を探求し、立花、生花を芸術作品にまで昇華させ、さらに求道の心から華道という花を咲かせたのです。

松竹梅は古来日本の瑞兆の花でした。「厳寒の三友」とも称され、文人に愛され、歌にもよく詠まれています。松は長寿の象徴、竹は無限の繁栄、梅は風雅の象徴です。梅は早春の花で雅の花として、長寿の松、繁栄の竹とともに「松竹梅」として旧正月の花の座を占めているのです。

「松竹梅」を厳寒の三友と称するのは漢詩の影響という説もあるが、それは間違いです。日本国根生の神の依代である松竹に梅が加わる「松竹梅」と、中国にとってはただの厳寒の植物にすぎない「松竹梅」とでは意味が異なるのです。中国の「松竹梅」は目で見るだけのものですが、日本は心にある縁起という根本的な違いがあります。日本人にとっては、松は常緑の木として神を祀るもの、竹は成長力旺盛で神の宿るものです。そこに春のことぶれの花である梅を加え、歳神を迎える祝儀の花であり、瑞兆でもある。心にある花とは、そういうものなのです。

なぜ日本人は桜がこれほどまで好きなのか

桜の花は、「花は桜木、人は武士」という言葉に象徴されるように日本の国花です。もちろん花見といえば桜ですが、桜の人気は平安時代からともいわれています。

桜の花のごとく美しく咲き、見事に散るべしと教えられたから、「桜は軍国主義のシンボルだ」と戦後になって、街路樹や公園の桜までが切り倒された時期がありました。「同期の桜」は私の愛唱歌の一つで、ともに肩を組んで歌うと、マイクがなくても血が騒ぎます。私はやっぱり「軍国主義者」かと自分まで疑うこともありました。花は盛りよりも散るのを惜しむ。これが日本人の心情らしい。「同期の桜」が今でも人気があるのは「散る桜」や「落花」に騒ぐ心が日本人共通の心情だからでしょう。たしかに花と心とは関係があるが、では主義とイデオロギーとはいったいどこまで関係があるのか。もっと哲学する必要があります。

一方、中国は唐の時代から牡丹が百花の王として人気があり、国の花とされてきました。中華民国の時代に、国民党が政権をとってから党のシンボルである梅の花が国の花となりました。それが中国共産党による中華人民共和国の時代になると、巨輪のヒマワリを国花にしましたが、これは人気がなかった。赤が大好きな国民なのに、ヒマワリは黄色だからです。中国語で黄色といえばポルノを意味するからもあるでしょうが、「花よりダンゴ」の実利的な民族だから、本当のところ国花などどうでもいいのでしょう。

「記紀」神話にコノハナサクヤヒメ（木花開耶姫）が出てくるが、木花とは桜ともいわれています。木花開耶姫は皇室の祖先とされるニニギノミコト（瓊々杵尊）の妻、ホデリ（海幸彦）とホスセリ（山幸彦）の母である女神です。童話の花咲爺が咲かせる花も桜です。花見の習俗は農耕の予祝儀礼であるととらえる民俗学者もいます。日本人の清浄志向のひとつであるとのとらえ方です。

　桜の花が春の花の代表とされるようになったのは、平安期に入ってからのことです。桜輝くばかりの美しさに心を動かされたのは万葉人も同じであった（『日本人の心情論理』講談社現代新書）。満開の桜には、その豪華絢爛ぶりに圧倒され、感動はするものの、三分咲きの桜や花びらが散っていくのに心を動かされるようになったのは、やはりつい近年になってからです。

　敷島の大和心を人問わば朝日に匂う山桜花

と本居宣長が詠ったのは、心が桜花の「純粋美」によって動かされ、そこに「清浄美」への憧憬から大和心を求めたのでしょう。

「桜に生き桜に死す」といわれるほど桜に魅せられた漂泊の歌人西行が亡くなったのは、八百余年前のことです。窪田章一郎の『西行の研究』（東京堂出版部）によれば、西行が作ったおよそ二千余首の短歌のうち、桜の花を詠ったのが二百三十首、一割以上です。

吉野山花の散りにし木のもとにとめし心はわれを待つらむ

桜の花を見てあこがれていく心の不安と恍惚《こうこつ》を、ほとんど呼吸するかのように切々と歌っています。散った後の桜の木の下に惜別の心をとどめ、ふたたび吉野に詣でる自分を待っているのです。

森から生まれた日本の神々

日本の神話では、神と神が国生みを行ったさい、風や海、水や火の神とともに、木の神々、山の神々、草の神々が生まれます。オオヤマツミとカヤノヒメは結婚して土の神々、霧の神々などを生みました。太陽や月が生まれるより前に、山や草木が存在したとされているのです。

そして、樹木の神であるオオヤツヒメの名の「屋」は家屋を指すように、山や木の神が家や舟をつかさどることも多い。生きた樹木のみならず、その魂の宿る木製品も神の化身と見なされるのです。寺院や神社の建築で、巨木の柱をことさら重視するのはその現れともいえるでしょう。日本で神を「一柱《ひとはしら》」と数えるように、柱は神そのものなのです。

日本の神話は、イザナミの死後、イザナギが独力で生んだのがアマテラスオオミカミ（天照大神）、ツクヨミノミコト（月読命）、タケハヤスサノヲノミコト（建速須佐之男命）の三神です。太陽神アマテラス、月神ツクヨミとくらべ、スサノオが何の神なのかじつは定かではありません。しかしながら、植物にかかわる話があります。

たとえば、スサノオが八岐大蛇《やまたのおろち》を退治してクシナダヒメ（奇稲田姫）を救うという有名な話です。荒れ狂うオロチは河川の化身であり、これは河川を制して稲田を守る、すなわち治水の象徴だという解釈です。またスサノオがひげを抜いて散らすと、これが杉の木になったという逸話があります。胸毛は檜になり、尻毛は柀《まきのき》となり、眉毛は楠になった。そこで木の用途として、杉は船、檜は宮殿、柀は庶民の棺桶用にきめたという。スサノオの三人の子供、イタケル（五十猛神）、オオヤツヒメ（大屋津姫命）、ツマツヒメ（抓津姫命）は父の命に従って、全国に木の種をまきほどこしました。この三神はいまでも林業の神として信仰されています。

『日本書紀』ではイタケルは天から降臨するとき樹の種をもってきました。その種を新羅ではなく（然れども韓国に植えずして）、日本の筑紫から大八州国すべてにまき、山を緑にしたという。事実、日本では多少伐採してもすぐ木が生えてきますが、温度や湿度の低い朝鮮半島では、なかなか二次森林が回復しない。日本に鬱蒼たる「青山」が多いのに、半島が禿山ばかりなのを目にした人が考えついた神話なのでしょうか。

インドの神話では原人プールシャの体から世界ができます。中国の「盤古開天闢地」の神話では盤古が死ぬと目は日と月、脂膏は川や海、毛髪は草木となります。北欧神話ではイーミルという巨人の死体から世界が生まれます。巨人死体化生神話は文字通り死体から世界が生まれるものです。殺された神の体から穀物が生じるという食物起源神話もあり、日本でも『古事記』でスサノオに殺されたオオゲツヒメ（『日本書紀』ではツクヨミに殺されたウケモチ）の体から穀物が生まれるという話が有名です。日本人から見れば植物も生物だから「草木供養塔」をつくる。人間の犠牲になった草木の霊を鎮めるものです。針供養、筆供養、虫供養など万物の霊を信じ慰める心は　仏教の「山川草木悉皆成仏」思想の土台となったのでしょう。

森を開拓する西洋人、鎮守の森を守る日本人

神社は鬱蒼《うっそう》とした森林の奥にあるものと相場がきまっています。他の森林が伐採されても鎮守の森には手をつけないことが多かったので、昔の植生を調べる上で貴重な史料にもなりました。明治神宮は昔の武蔵野そのままでしょう。伊勢神宮も太古からの自然そのま

までしょう。神社にかぎらず、出羽三山や比叡山、高野山など霊地とされている場所はすべて森にかこまれています。森はすなわち聖域であり、森の生い茂る山も神の領域でした。森を開拓して人間中心の文明を開くことを是とする西洋とは対極的な存在ともいえます。

鎮守の森には、「森に坐ます神」だけでなく、多くの動植物まで棲息し、もちろん微生物までこの自然に依存しています。神と人との出会い、祭りと芸能がくりひろげられ、伝統文化がもっとも風化せずに保存されているところであり、太古からの日本人の心の依り社でもあります。神社のもっとも原初的な姿は土地の神の坐ます森からくるものではないかとも思われ、神籬《ひもろぎ》あるいは磐座《いわくら》磐境《いわさか》という見方もあります。さらに神を招じ入れるための依代《よりしろ》としての巨木や岩から生まれた聖なる領域です。

もちろんそれは古代人のアニミズム信仰からくるもので、森の縄文文明から生れたものでしょう。国ツ神は縄文文明から生れたもので、天ツ神は弥生文明、つまり「天孫」からくるものとも思われます。

日本は開国維新以来、加速的に国土が開発され、産業国家、経済大国となっても、全国の鎮守の森はなおも十万以上あるともいわれています。そこには原生林中心で、神代以来の姿そのものでしょう。そこに入れば森のにおい、鳥の声がし、心を癒される。

弥生人は田の民、水稲文化だから定住生活がはじまったと考えられますが、縄文人も定住生活をはじめていたということが、古代遺跡の発掘と縄文土器からじょじょに明らかにされました。定住生活になると、村を中心に巨岩、巨木から神を迎える祭礼の場も社へと変わり、巨木に注連縄《しめなわ》を巻いて神木とされます。

樹林を神の鎮まる場として神聖視されていることはいうまでもありません。最先鋭の環境活動家でも、この聖域に何だかんだと容喙《ようかい》する余地はまったくない。中国の文革時代のように、すべての公園の樹木を資本主義の産物として徹底的に批判し、斬り倒してすべて果樹園化するようなこともありません。そこは太古以来の自然そのものです。もちろん「皇国史観」や神道を「軍国主義信仰」だと批判する勢力は少なくとも今日ではすでに消えています。

心の故里鎮守の森で育まれたのは、神を祭り、神代と同じく人間のもっとも原初的な清浄心、つまり明るき清き心です。そして村を愛し、土地を愛する心であり、伝統の文化を知り、それを愛する心でもある。そして祭りを通じて「和」の精神を育てるのではないでしょうか。

世界有数の「巨木文明」

クリスマスツリーのように、樹木を生命の象徴として崇拝する習慣は世界中にあります。

もちろん、日本にも神木を崇める信仰があり、仏教伝来後も途絶えず残りました。

榊《さかき》は神域に植える神木でもあります。神が宿る木として扱われ、神道の行事には欠かせない。そこには日本人の心の原光景があるのです。

日本は「巨石文明」というよりも「巨木文明」です。すでに縄文人の時代から巨大な木柱を立てている。神霊降臨のための依代という説もある。今でも太古以来の日本歴史を見続けている縄文杉が残っています。天と地をつなぐ橋が御柱、川のこちらと向こうをつなぐのが「橋」、人と食物をつなぐのが「箸」。橋や箸の語源は「柱」だともいわれています。

神は森だけでなく、巨木にも宿る。神木です。巨木や老木は神が宿ると考えられているだけでなく、それまた村を守ってくれるので、霊木への信仰心が生れます。大黒柱としての柱は天と地とを結ぶ回路となり、神々が地上へ降臨されるハシゴとなる。ご神木はこの心情から生まれるものなのです。この柱は日本人の、心の世界の心柱となります。

海と陸で育てられた文化、その風土に育てられた人格を比べるとなおさらわかりやすい。砂漠、草原の文化、海の文化、森の文化、それぞれから生まれた人間は、ものの見方も考え方も違う。もちろん心の歩みの歴史も違うわけです。

神木に宿る日本人の心が伝えたのは阿里山の「神木」です。阿里山《ありさん》神木は樹高五〇余メートル、地面部樹幹三四メートル、推定樹齢三千年の巨木で、発見したのは小笠原富次郎です。

この神木を仰ぎ、拝むために、世界的にも有名な阿里山登山鉄道までつくられたのです。この世界三大登山鉄道の一つとして話題になった日本初の山岳鉄道をつくったのは、東京帝大の農学科教授河合鈰太郎《したろう》（一八六五〜一九三一年）です。もし老荘の言葉をかりれば、無用の木だから巨木になる。無用の人間だから天寿を全うすることができる、でしょう。しかし、日本の縄文杉が象徴するのが、この文化・文明観の相違なのです。阿里山の神木が神木として拝まれるのは、老荘思想からではなく、日本の樹霊思想からです。もちろん神木への信仰はただ原始神道の樹霊信仰からくるものだけでなく、そこには日本人の心にひそむアイデンティティもあるからです。

「共生の文明」の日本、「寄生の文明」の中国

「日本文明は共生の文明」「中国文明は寄生の文明」という見解をいっそう私が確信できるようになったのは、比較文明論という硬い「学的」の分野からというよりも、木、林、森への心の違いから得られた結論です。

神道の「習合」の原理はおそらく、森の民の縄文文明と田の民の弥生文明が長期にわたって、交流によって生まれたものであり、さらに森のアニミズムから原始神道の共生の思

想が生まれ、仏教伝来後に衆生の思想と習合して、熟成したのが共生の文明ではないでしょうか、そう私は考えています。

中国の皇帝制度も匪賊《ひぞく》社会も儒教の国教化も匪賊の理論から思想化した「易姓革命」も寄生文明から生まれたものです。

日本人の先祖は弥生人以前まで遡る必要はない。それ以前は人類史や考古学の分野だと主張する学者もいますが、日本人の自然観、宇宙観の流源はやはり森の心から生まれたもので、自生のアニミズムや原始神道など森の原始信仰からくるものです。

福田恆存《つねあり》は「美や和歌は善を超える」という。和歌即ち陀羅尼《だらに》（真言）と考えられるのは空海も本居宣長《もとおりのりなが》も同じです。志賀重昂の『日本風景論』はかつて日本で一世を風靡しました。氏は日本の風土自然を絶賛し、現世の極楽浄土と賛嘆されるような自然の極致に達していると讃えた。森から生れる心と美意識がなければ、あれほどの共鳴共感をえられるのは不可能だったのではないでしょうか。

台湾の自然を守ってきた日本人

九二年十月、私は二九年ぶりに再び故郷の土を踏みました。帰れなかったからです。海外での言動が理由でした。ほぼ半世紀来ずっと文筆活動を止めなかったことも事実でした。

故里は多くの思い出があるばかりでなく、物語もあります。母の姉妹八人と母の姉の次女計九人一堂に揃って雑談したのは懐かしかった。

翌日、幼馴染の友人と町をすみずみまで散策して驚いたのは、町全体が数倍縮小した感覚でした。なぜかとても不思議だった。浦島太郎の童話と若干類似したところもあります。まずいちばん最初に驚いたのは、幼いころによく泳いだ阿公店川はコンクリートの川になってしまったことです。この川は昔よく氾濫していました。伝説では私たち一族の先祖は近辺の台地に数年をも住んで水の流れを観察した後ではじめて平野に降りて定住した。それでも年々水害が続く。寺まで流された。『台湾通史』には私の祖父の祖父がはじめての岡山街長と記述され、日本時代に上流で阿公店ダムを完成してからやっと水害が緩和したほどです。

私が小学一年生のころは、校門から入るとまず右側の二宮尊徳の銅像に帽子をとって一礼し、中に入りました。戦後、いつしかハイビスカスの垣根がすべてレンガに代わり、校内に初夏になると真っ赤に咲き誇る鳳凰木も消えてしまった。五年生から六年生の間、はじめは国民党の敗残兵に校舎の半分をとられ、学校も午前と午後の二部制となり、国民党軍と共同生活していた。軍人は二食だったが、ヘルメットを食器の代わりにつかっていた。軍隊が去った後、学校の教室はまた大陳島《だいちんとう》から撤退した島民の生活の場となった。小学生のころに学校教師はよく知らないうちに消えてしまった。隣の五里林小学校の校長をはじめ教師全員が逮捕され、全校の教師がいなくなった。あの時代、国民党政府にとっては風声鶴涙の時代だったので、駅前の広場はよく銃殺の見せしめの場となったのです。

戦後の台湾は、国民党軍の進駐によって日本の民間人四〇万人、軍人二〇万人が追放され、その入れ替わりに二百万人前後の中国人が流れ込み、社会生態学的には一変しました。小学校の高学年生はほとんど日本語だったが禁止され、日本語の歌謡は禁唱、私が小学四年生までつづった日本語の日記も没収され、ゲタも、三菱製の鉛筆も禁用され、私の名前「文雄」も日本風だから強制改名されました。小学校から道路一つ隔てるところが緑豊かにして清閑な日本人町だったが、戦後、中国人がなだれこみ、「反攻大陸」のスローガンだらけの住宅区になったのです。

かつての岡山神社の鎮守の森はどう変わったのかというと、すべての樹木が消え、神殿は憲兵隊本部から媽祖《まそ》廟、そして媽祖廟も移して新築、鎮守の森が消えた後に巨大なセメントの体育館が出現しました。誰も利用しないらしい。木麻黄《もくまおう》の街路樹も消えた。すべての樹林は役人に木材として売られたのです。なぜ街路樹まで消えたのか私が役所に糾すと、木が生えすぎると、強盗のかくれ場となり、治安が悪くなる。視線がさえぎられるので交通事故多発の原因となるという理由でした。私が台湾の建築業者協会から耳にした話では、彼らの業界が使用する木材の九〇％以上が政府からの盗伐の払下げだったのです。

戦後の山々は軍隊が駐屯、入山禁止され、山林を管理する林務局は軍隊と手をくんで盗伐し、材木を市場に流しました。半世紀の間、台湾中央山脈の原始林は消え禿山が加速的に拡大し、中国化現象が昂進している。だから台風や大雨になると大災害となる。台湾のマスメディアはそれをすべて日本のせいにしているのです。

台湾史の解禁は李登輝総統時代からで、今まで知るだけでもタブーでした。今では、修士、博士論文は七〇％が台湾研究だと台湾教授会の友人から耳にしたことがあります。

十数年前に台湾の環境運動団体から「台湾の巨木はすべて日本時代に、神社建築用材として取られたから、抗議にくる」と連絡をうけたことがありました。さすがの私も我慢できなくなり、「バカ、いいかげんにしろ、もっと勉強しろ」と怒鳴ったものです。九〇年代に入ってから私が台湾の環境保護団体に提案したのは、「環境保護」ではなく暮らしの好い「環境創出」への発想転換です。このアイディアは九〇年代はじめに、私が建設省河川局への講演の際に、逆に教えられた環境問題へのヒントからです。

明治神宮の鳥居が戦後、台湾から「謝礼」として神宮に贈った丹大山の扁柏《ひのき》の巨木であることは、立札にも詳しく説明しています。満州神社の大鳥居の巨木は、大戦中に日本潜水艦で運んだと記録で読んだこともありました。じっさい日本時代の五〇年間、初期の鉄道建設の枕木まで、日本国内から買って台湾に運んだものです。

「阿里山神木」として知られる阿里山の森林調査では、台湾紅檜一五万五七八三本、台湾扁柏《ひのき》一五万二四八二本もあるとまで、細かく調査して記録を残しています。小学生の森林保護の論文集まで出版しているほどです。戦後の中国人がいかに台湾の資源を奪略し、戦前日本の植物学者をはじめとする博物学者、探検家たちなどが、いかにして生涯をかけて台湾の自然を守ってきたか、一人ひとりの生き様を知れば感涙にむせるほどです。そのために私が書いたのは『台湾は日本人がつくった』『日本人が台湾に遺した武士道精神』（徳間書店）です。それは故郷の鎮守の森の消失から出た心の叫びなのです。

もちろん「歴史とは何か」を問うのに際し、森という自然をみつめるだけでも語りつくせない人間の心の歴史がひそんでいるのです。

第二章

武士道と商人道

第一節　世界と中国が驚嘆する武士道

絶対に「国民」が誕生しない中国

国を思う国会議員や政治家はだんだんいなくなっています。国民はなおさらでしょう。私がみるにその原因は決して単一ではありません。戦後日本には国民主義より市民主義や平和主義がはびこり、社会の主流思想となっています。

国会議員は、国を思う心より当選できるかどうかに執心し、「ポピュリズム」に迎合せざるを得ない状況です。また国民に国を思う心がなければ、政治家がいくら国のことを語っても、ついてくる有権者は少ない。これは衆愚的民主主義社会が繰り返し経験してきた歴史であり、決して今の日本ばかりの問題ではありません。

近代アジアにおいて、「国民国家」の国づくりに成功したのは日本だけでした。その理由もまた一つではありません。開国維新期に血を流した志士はごく限られており、他国の「市民革命」ともやや違います。日本の近代国家作りを行ったのは士、つまりサムライたちでした。

農民一揆では、一向一揆のように宗教的な動機にもとづく場合もありましたが、農民は本質的に土地＝国を守る性格を持っています。そこが士農工商のうち、「士農」と「工商」の違うところでしょう。工商には町人社会的・市民主義社会的性格があります。

士農工商の中で、国を思う心が最も強いのはやはり士です。特に維新の志士たちが忠誠心を藩より国に捧げたのは、長州藩士だった吉田松陰の松下村塾の影響からだけではありません。あの西洋からの西力東来の時代、藩でなく日本国への危機意識を、多くの藩士が持っていたのではないでしょうか。佐幕の藩士の場合は若干違ったかもしれませんが、大して変わりはない。国士の多くはやはり士の中から生まれるのでしょうか。

日本のサムライは維新後に姿を消しますが、その一部は国民軍の兵士や警察などの国家機構に編入されました。平安時代末期から続いた武士の歴史は、鎌倉・室町・徳川の武家体制を経て、明治の国民国家の誕生と共に消えていったのです。

武士階級は消え、代わって国民軍が生まれた。だが武士道の精神は受け継がれていたのです。武士の魂と心は、時代が変わっても健在でした。

「国民」は「民族」や「種族」に限りませんし、中国の「城民」「生民」、「天民」中華人民共和国以後の「人民」とも異なります。「国民」は近代に作られた文化的・歴史的概念なのです。明治の日本国は日清・日露戦争を通じて近代国民国家を磐石にしました。それと比べると、いくら改革や運動、革命を行っても、百年以上経った今にいたるまで、「中華民族」から「国民」が生まれることはありません。

国家は民衆に義務教育を与えることで国民をつくる。国民は自国の権利や義務を知り、文化や歴史を創造・発展させていく使命を持って、国家と運命を共にするのです。

フランス革命後、ヨーロッパ各君主国により軍事干渉が行われましたが、フランス国民で組織された国民軍によってことごとく破られました。フリードリヒ大王の時代に盛強を誇ったプロシア軍でさえ、情熱に燃えるフランス兵の前に敗れたのです。その様子はプロシア軍に従軍した文豪・ゲーテの『滞仏陣中記』に詳しく、維新後日本の高校教科書でも取り上げられています。

対ナポレオン戦で大敗したフィヒテは「ドイツ国民に告ぐ」を講演し、プロシアにも国民兵が生まれました。

日本が国民国家に転生したのも開国維新以後です。藩制を乗り越えた日本人は、いかなる犠牲を払っても祖国の独立と繁栄のために尽くす、という情熱を身につけ、日清・日露戦争に勝ち抜いたのでした。

日本の勝利は旧態依然とした中国の私兵、半農奴のロシアの軍隊とは異なる、国民軍としての日本軍の存在によるものでしょう。サムライ＝士だけに限らず、身分の別なく「生死存亡はこの一戦にあり」と身体を張って祖国に命をかけた戦士たちがいた。運命共同体となって、喜びや悲しみ、歴史も誇りも祖国と共有した時代があったのです。

そしてそのような「国民軍としての日本軍」の精神的中枢にあったのが、武士道だったと言えましょう。

「文士」の国の中国と「武士」の国の日本

中国には文士はいるが武士はいませんでした。「士」とはあくまでも文に限ったもので、武が士になるのは論外でした。『大漢和辞典』によると「士」とは「天子・諸侯の臣で、卿・大夫の下に属し、事務にたずさわる者」を意味します。つまりもともと「文」を指す言葉であり、「武士」は語彙矛盾となるでしょう。

もっとも、よりさかのぼると中国にも「武士」のような存在があったらしいが、中華帝国の「かたち」である典型的な中央集権体制下においてはいなくなってしまった。中央集権の最大の特徴である天子＝皇帝は血の相続制であり、官僚は任命制ですから、主君への忠誠心が弱いのです。いくら儒教倫理が「忠孝」をしつこく説いても、なかなか「忠臣」は得られない。これが易姓革命を繰り返す一因にもなったわけです。

日本の戦争の主力は武士です。中国の王朝は革命により交替してきましたが、その原動力となった流賊や流民は、当然武士とは程遠い存在です。

先秦・周末時代の中国は封建社会だったが、社会構造は日本の幕藩体制と似ていて、士農工商の身分階層もありました。最も日本に近かったのは、春秋戦国時代でしょう。しかしやはり日本のサムライに匹敵する存在はなかったのです。漢は豪族社会、六朝から隋・唐にかけては貴族社会で、宋以後は大衆社会となって、地主と庶民がクローズアップされます。

中国の辞典にも「武士」や「武士道」に相当する言葉はありません。戊戌《ぼじゅつ》維新の主役で、近代中国を代表する文士・梁啓超《りょうけいちょう》には『中国之武士道』という著書がありますが、これは毛遂《もうつい》、荊軻《けいか》、項羽など古代の武人や孔子、墨子などを取り上げて、死を軽んじる任俠の心を語ったにすぎません。日本の武士道と共通点はあっても、やはり似ても似つかない。

中国には武人・武夫はいても、武士や武士道は基本的に存在しません。また儒教や道教、仏教もよく「道」を語りますが、日本のような芸道・武道とは違います。

一方、朝鮮には文と武の両班《ヤンバン》があり、高麗朝時代は崇仏尊武でした。それが李氏朝鮮時代は崇儒尊文となり、武班の存在は薄れていく。近年韓国ではウリナラ（我が国）起源説が流行り、「日本の侍は百済人のサウラビ（韓国武人）の魂を真似た」とされていますが、言うまでもなく武士はサウラビではないし、花郎《ファラン》（新羅の青年貴族集団）とも関係ありません。

侍の歴史は上古にさかのぼります。確立したのは恐らく平将門の時代あたりからでしょう。そして源平、鎌倉、室町、江戸から明治時代まで、その時代独自の心や魂を形作ってきたのです。

私が高校時代によく勉強したのが、蔣介石のいわゆる「新生活運動」でした。蔣は、中国の大患は国民の「貧」「愚」「私」「弱」によると指摘します。そして国民にも、浪費や怠惰を改め恥をもって自強をはかれ、と主張しました。「われわれ中国人は砲煙弾雨の中で日本人と争うまでもなく、すでに日常生活の上で負けているのだ」――「新生活運動」はつまり日本に学ぶ運動だったのです。彼は日本の武士道に心酔していました。

山鹿素行《やまがそこう》の学を継ぐ武学者・津軽耕道は「中国の治徳は仁を用とする文徳であり、本朝は義を用とする武徳である」として、「仁の中国」、「義の日本」を説きます。そして武とは単なる武勇でも武略でもなく、それらすべてのもとにある義勇だという。この武の心は、文の精神としての武という意味だとされています。

「日本精神」と「支那人根性」を区別する台湾人

「日本精神」と「支那人根性」という言葉は、年配の台湾人の口からよく聞かれます。十九世紀末以来百年以上、共に歴史を歩み、日常的にも触れ合ってきたからこそわかる両国の「国民性」を語る言葉です。

第三者として「日本精神」と「支那人根性」をもっともよく知っているのは台湾人だ、といっても過言ではありません。専門の学者以上に両国民と接してきているのですから、半端な研究調査とは次元が違います。

この「日本精神」とは、日本の町人ではなく、やはり武士道を指すものです。

一方、「支那人根性」といえば、無法、違法、私服を肥やす、人民に難癖、集団汚職、不正、賄賂などろくなイメージではありません。

「日本精神」は台湾語にもなっていて「ジップンチェンシン」といいます。この言葉の持つ勇気、勤勉、誠実、清潔、奉公、法治、伝統的美徳などのプラスイメージは、台湾ですでに定着しています。

ですから武士のいなかった台湾でも「武士道精神」はよく取り上げられます。日本の民俗学者による調査分析では、台湾原住民と日本の「武士」のメンタリティには類似している点もあるといいます。

李登輝元台湾総統の著書『「武士道」解題』は、日本でも出版されて話題となりました。なぜ「解題」なのかという点からも、武士への敬慕は日本人だけのものではないことがわかるでしょう。武士道はアジア共通の精神的遺産だ、と私もかねてから述べてきました。

しかし当の日本では、この言葉に何を感じるでしょうか。軍国主義、右翼、侵略、虐殺などといった、自虐的イメージしか浮かばないのではないでしょうか。

台湾で古き良き日本精神が語り継がれ、日本ではマイナスイメージばかり――そのため現在では、日本語の「にほんせいしん」と台湾語で言う「ジップンチェンシン」とは意味するものがまったく違う、という現象が生まれています。

「支那人根性」や「中華思想」はよく耳にしても、「中国精神」は寡聞にして聞いたことがありません。とはいえ「中国精神」「中国魂」がまったくなかったわけではなく、文革時代には「延安《えんあん》精神」がしきりに強調されました。これは国共内戦で追いつめられた共産党が延安に逃れ、再起の折をうかがいながら耐え抜いたことを指し、革命精神として重要視されました。その後は竹のカーテンに閉じこもって自力更生を図り、「農業は大寨《だいさい》に学ぶ」「工業は大慶《だいけい》に学ぶ」などのモデルが一時的に強調されたものの、「他力本願」の「改革開放」時代に入るとすぐに雲散霧消してしまいました。

そもそもこの「延安精神」、またそれに対抗するため国民党が標榜《ひょうぼう》する「重慶《じゅうけい》の精神」は、要するに追いつめられて僻地《へきち》に逃亡、つまり「三十六計逃げるにしかず」ですから、およそ「精神」と呼ぶに値しません。日本の武士道で言えばむしろ「恥」でしょう。

天下泰平の江戸時代に武士道も倫理道徳が重んじられる

江戸時代に入って国教に近い地位を獲得したのが、きわめて排他的な「朱子学」でした。だが支那や朝鮮と違うのは、当時の日本がきわめて多元的社会だったことです。朱子学の他に国学や仏教、陽明学、蘭学もありました。儒教が人治社会を人類最高の理想とし、仁義道徳を教化した結果、人間の本然的な「良心」を奪い、結果として独善的か偽善的な人間しか生み出しませんでした。ですから今の中国人は「欲望最大、道徳最低」と自嘲しているほどです。

武士は『太平記』の時代から「義」を重んじてきました。だが「仁」「義」とは何かとなると、なかなか概念規定できないもので、中国でも二千年以上にわたって論議してきたものの、「見仁見智」にしか到達していません。「君の言っている『仁義』も尊重するが、私の言う『仁義』も認めろ」というような類です。

儒教的倫理が本格的に武士道に含まれるようになったのは、武士が活躍の場を失い、天下泰平の江戸時代に入ってからです。戦国時代の「武士道」に平和時代の「士道」を取り入れたのが、山鹿素行の『山鹿語録』だった。「士」としてどう振る舞えばよいのかという問いに、素行は『士鑑用法』で次のように答えています。

「凡そ士の職と云ふは、其身を顧ふに、主人を得て奉公の忠を尽し、朋輩に交はりて信を篤くし、身の独りを慎んで義を専らとするにあり」

つまり武士の職分は戦士ではなく、忠・信・義といった儒家倫理を守ることだというわけです。

また中江藤樹《とうじゅ》の『翁問答《おきなもんどう》』も「仁義」を唱え、伝統的な武道を中国の「士道」へと拡大して解釈しています。中江によれば武士には仁義がなくてはならず、ただ強さを誇るだけでは盗人と変わらない、という。熊沢蕃山《ばんざん》の『集義和書』も、武士の天職は「人を愛すること」だとあります。

こうした論調からは、武士の「武」性の否定、「文」性への変更を読み取ることができます。このように方向性を転換することによって、戦争のための存在だった武士を平和時代に順応させようとしたのでしょう。

和辻哲郎は、中江藤樹が唱えているのはむしろ「君子道」だと指摘しています。武士本来の闘争性が完全に去勢されているからです。

儒教倫理を警戒していた伊達政宗

江戸時代に入り、儒学が国教として幅をきかせるにつれて、体制維持の倫理が重んじられるようになりました。武士道も平和な時代にふさわしく様相を改めねばならない。故に「武」「士」が混合していったのでしょう。本来は両立しない「文武両道」がもてはやされるようになったのも、このためではないか、と思われます。

一方、道家は儒家思想と反対に「大道」を求め、「絶仁棄義」、つまり人為としての「仁義」を棄てろ、と唱えています。日本で儒教倫理を乗り越えたのは、やはり武士道でした。たとえば伊達《だて》政宗は「仁を超えれば儒（儒弱）、義を超えれば頑（頑固）、勇を超えれば暴（暴力）」というアンチテーゼ的な家訓を残しています。武将としての生き様から得た、儒教倫理への警戒が読み取れようものです。

江戸時代、武士道の徳目としてさまざまなものがあげられましたが、どれも儒教、中でも朱子学や陽明学の影響が大きかった。朱子学を批判した山鹿素行、また山本常朝、クリスチャンの新渡戸稲造《にとべいなぞう》にしても、儒学をもって武士道思想を語っています。

では、武士道は中国思想に基づいているのでしょうか。中国は二千年来、五倫（父子の親・君臣の義・夫婦の別・長幼の序・朋友の信）や五常（仁・義・礼・智・信）、また四維八徳（四維＝礼・義・廉・恥、八徳＝仁・義・礼・智・忠・信・孝・悌）」を唱えてきましたが、武士道精神の核である「誠」「真」「美」という意識や、死の覚悟を名誉とする精神性を、そこに見いだすことはできません。中国社会においてこれらは机上の空論にすぎず、実質的に生かされていたとはいえないのです。

そもそも、日本の武士の心構えといった理念すら、中国の歴史には見られないのです。中国で賞賛されるのは文士の道、文士の徳であって、軍人や武将の徳を称える風土は存在しないのです。

武士道は江戸時代の儒者が論じるより前、源平の時代から形成されてきたものであり、その魂を儒教倫理だけで証明することなどできません。

西洋の騎士道と同様、武士道は日本という固有の風土の中で培われてきたのであり、神道や仏教の影響も必ずあります。「嘘をつくな」「正直であれ」「思いやりを持て」「卑怯なことをするな」「弱いものをいたわれ」といった武士のモラルは、神道や仏教によるものでしょう。

主従関係のモラルとして捉えられがちな武士道ですが、主従関係においてのみその精神を発揮するわけではありません。一人の人間として、人前で自分を飾ることなく、ありのままの自己をもって立つことを説くのが武士道であり、そのような風格があってこそ武士は武士として評価されたのです。その精神は決して戦国の世、あるいは封建社会でだけ通用するのではなく、人間の尊厳を支えるものとして今日でも尊重されているのです。

純化する武士道

古川哲史《てつし》の『武士道の思想とその周辺』（福村書店）などで考証されているように、「武士道」という語が見られるようになるのは戦国末期ですが、はやり始めたのは明治三十年代かららしい。

『今昔物語』では「兵の道」、『平家物語』では「弓箭《きゅうせん》（弓と矢）の道」、「弓馬の道」として扱われていました。

当初の「弓箭の道」、「弓馬の道」は、とくに倫理や道徳を指すものではなかったらしい。時代が下るにつれて「弓矢の道、死を軽んじて名を重んずるを持って義とせり」（『太平記』）のように、精神的にも武士らしい「義」「名（名誉）」が求められるようになっていきます。

徳川幕府の時代、武士は戦士としての役割を果たすことがなくなり、代わって町人階級が社会で力を得るようになる。そのため強い武士としてのアイデンティティが追求されるようになり、観念・思想としての「武士道」が純化し高められていったのです。

そこでは武士の精神は形而上の課題となり、そのマニュアルに当たる本が多数刊行されています。山鹿素行の『武教要録』、大道寺友山の『武道初心集』、沢庵の『不動智神妙録』、山本常朝《じょうちょう》の『葉隠《はがくれ》』、宮本武蔵の『五輪書』、柳生宗矩《やぎゅうむねのり》の『兵法家伝書』などです。いずれも江戸初期のもので、戦国時代以来の意識を色濃く反映しているのです。

宮本武蔵は優れた剣士だったが、平和の時代には斎藤道三や豊臣秀吉のように出世できはしなかった。「いかに戦いに勝つか」の方法を説く中で、勇敢に戦って死ぬより「生きて勝つこと」を合理的に説いています。一方、『葉隠』の「武士道とは死ぬことと見つけたり」は有名ですが、『武道初心集』にも第一章で「常に死を覚悟して日を暮らすもの」とある。このように武士道には死の覚悟が欠かせないが、そのあり方についてはさまざまなのです。

山鹿素行は「主君のために有用な人物が命を失うのは馬鹿げている」と殉死に批判的です。殉死とは決して正義でなく、闇雲に死を求める者は武士ではない。肝要なのはよりよく生きて有意義に励むことだと言います。

このように武士道とは、武術・武道といった戦闘技術論ではなく、道徳的・精神的なものなのです。戦争で生死を賭ける際の心構えや、社会的責任を問う意識から生まれ、礼節を守り、信頼に応え、名を重んじ、意地を通し、勇気を発揮しようという意識の結晶だということができます。それが意味するのは、高潔さに裏打ちされた精神的な優位性であって、決して力で他者を屈服させることではありません。

欧米列強も絶賛する日本の「殉国の精神」

日本語がそのまま外国で定着した例としては「ジュウドウ」「スシ」「カミカゼ」「ハラキリ」などがあります。日本精神を表す代表的な言葉は、やはり「カミカゼ」と「ハラキリ」でしょう。

日本の切腹の歴史は縄文時代にまでさかのぼるとも言う。『播磨国風土記《はりまこくふどき》』には、近江の花浪山の女神が腹を切って入水した、という伝説があります。記録上日本最初の腹切りは、『続古事談』（一二一九）に出てくる藤原保輔《やすすけ》の例らしい。保元の乱（一一五六）の英雄である鎮西《ちんぜい》八郎為朝《ためとも》の伝説も有名です。

軍記物語において割腹の記述は少なくありません。『太平記』では六波羅探題で、越後《えちごの》守《かみ》仲時以下四三一名の北条一族が集団割腹した話があります。

維新以後の割腹は高貴な精神の表れとして、軍人以外の人たちにも広まりました。中康弘通の『切腹百年史』によると、明治初期から昭和四十三年までの約百年間で、新聞に掲載された「女性」の切腹自殺だけで二百人に達するといいます。

考えてみればハラキリは日本文化そのもの、名誉と節操を守る死に様です。それは士農工商の階級を問わないものでしょう。幕末維新期の新撰組や白虎隊の死に様、終戦前後の「特攻の父」こと大西瀧治郎《たきじろう》海軍中将や阿南惟幾《あなみこれちか》大将などの壮絶きわまりない切腹もあります。これら日本の武士道精神、自死の精神に対して、欧米列強は別の目で日本に瞠目《どうもく》、刮目《かつもく》せざるを得なくなったのです。

一九一二年（大正元年）九月十三日、明治天皇御大葬の日に、日露戦争の英雄だった乃木希典《まれすけ》将軍（六三歳）が妻の静子（五三歳）とともに自邸で割腹殉死しました。その折の作法が「十文字腹」です。徳川幕府によって殉死が禁止されてから約二五〇年、この事件は日本内外に衝撃を与えました。

夏目漱石が『こころ』で「明治精神は天皇に始まって天皇に終わった」としているように、その崩御は一つの時代の終わりを告げる象徴的な出来事でした。そこに切腹という作法で付き従った乃木の死に対し、軍人の理想として絶賛する見方がある一方、野蛮で時代遅れだとする見方に分かれて賛否両論に沸きました。しかし国内世論とは別に、ほとんどの国の新聞はこれに驚愕しながらも、日本の伝統精神にのっとった死を絶賛したのです。

それから六〇年近く経ち、三島由紀夫（四五歳）、森田必勝の「楯の会」割腹事件も、戦後の代表的日本人の死に様として論議を再燃させました。

国風が形も心も崩れ去ろうとする欧化洋風優勢の時代にあって、森鷗外は乃木の武士的な生き方と死に方を断固として賞賛、「阿部一族」を頂点に一連の文学作品を世に問いました。

乃木は現世的な人間でしたが、武士道とは生死を超えた境地を開いて生即死としていき、死即生として死にゆく悟道です。生死一如を観想し実践した乃木の行為はきわめて宗教的です、と擁護したのが仏教徒でした。

鈴木大拙《だいせつ》は乃木の行為をもって「生死自在」、「本来の面目、ここに脱体現成する」ものとしています。それは日本人の死生観からしても、武士道の近代的再確認でした。乃木の行為が国民に受け入れられたのは、この武士道の心に尽きるでしょう。

「花は桜木、人は武士」という日本の伝統もあります。桜のようにぱっと咲いてぱっと散るのが美学なのです。主君のために命を捧げるのが古来武士の栄誉とされ、開国維新以降は忠君愛国が国民の大義として尊ばれました。軍人が「天皇のために死する」のはイデオロギーの強制というより時代の要求です。物量で劣る日本にとって、レイテ沖海戦でアメリカに重大な一撃を加え、講和を有利にするには体当たりの特攻以外に有効な対策はなかったからです。

その「殉国の精神」こそ歴史に残る日本人の誇りだと私は絶賛したい。それは民族の勇気として敵からも尊敬されているのです。ですから特攻や玉砕の精神も後世に語り伝えなければならない、と私は切に思うわけです。戦略・戦術論としてではなく、日本論として語ることに意味があるのです。

敗戦時に割腹した大西中将は、六千人に上る殉国隊員に向けて次のような遺書を残しています。

「特攻隊の英霊に申す　善く戦いたり深謝す　最後の勝利を信じつつ肉弾として散華せり然れ共其の信念は遂に達成し得ざるに至れり、吾死を以って旧部下の英霊と其の遺族に謝せんとす……」

これは日本が独立国の一分を立てた志として、また勇気ある民族としての誇りでもあるのです。ことに戦後の「平和ボケ」日本人にとって、自分たちは決して臆病者ではないと想起するだけでも充分な価値があります。

「武士道」が明治維新の原動力となった

武士の心、情、思想、死生観、美意識は時代によって変わります。

鎌倉初期の武士と主君の関係は、私情的・恩顧的な「御恩と奉公」によるものでした。中世後期になってもこの概念は基本的に維持されましたが、自らの正義感や道義感で諸方の武将と同盟する契約的な関係も多く見られるようになりました。

こうした主従関係の基盤には、恩給制という経済体制がある。主人は家臣を扶助することが義務づけられ、公平無私・慈悲の徳が求められました。一方家臣には主人に対する献身・忠信が、至高の徳とされました。

徳川時代に入ると、こういった武士の意識にも変化が見られます。大久保彦左衛門は『三河物語』で「家臣とは主君の犬である」といいながら、座敷の振る舞いで立身出世を図る武士の姿も描いており「御恩と奉公」意識が薄れたことを嘆いています。関ヶ原の合戦が終わって間もない時代ですが、すでに文官的な思考を持たざるを得なくなっていた状況がうかがえます。

福沢諭吉は『瘠我慢の説』で、「数百千年養ひ得たる我日本武士の気風を傷《そこな》ふたるの不利は、決して少々ならず。得を以て損を償ふに足らざるものと云ふ可し」と述べています。この立国の心、死を賭しても国を守りその義に殉ずるという瘠我慢はすなわち日本固有の心であり、武士道にその精髄を得た日本の心でもあります。道義のため、国のため、公のためという崇高な目的を瘠我慢として受け止めることこそ、公義心の目覚めでしょう。

新渡戸稲造の『武士道』は「日本の精神（The Soul of Japan）」と副題が付いているように、武士道を日本の心そのものと考えました。内村鑑三も武士道を日本の歴史と共に古い日本の心、日本の道そのものだとみなし、マックス・ヴェーバーにおける近代資本主義のプロテスタンティズムのエートスとしてキリスト教に接ぎ木して、近代化・普遍化せんとしました。

内村によれば、日蓮の互信・献身・尊徳・篤実・節倹も「武士的なもの」の異なる表現に他なりません。血なまぐさい忠誠心や戦闘的愛国心ではない、平和的なる武士道を「善美日本」にふさわしい心だとしています。

武士道は「日本固有の心」というより、「優れて中世的なる日本の心」です。福沢や内村、新渡戸らすぐれた日本主義者たちの「武士道＝日本道徳論」は、広い支持を受けたという（高橋富雄『武士の心日本の心 武士道評論集』近藤出版社）。

武士を必要としない、あるいは武士がいない時代になってから武士道が生まれた、という見方は決して正確ではありません。平和だった江戸時代にも、武士道、あるいは武士道精神は重んじられていたのです。

また、米ソ冷戦後の今は平和な時代でしょうか。少なくとも日本の周辺諸国は、戦後から今に至るまで決して平和ではありません。日本が一国平和主義・念仏平和主義を夢見ている間も、国共内戦、朝鮮戦争、越南戦争など自民族の殺し合いが続いていたし、今でも軍拡をつづけています。それが世界の現実です。

平和の時代ですからこそ、武士道が武士の心を語り、仏教の不動尊のごとき不動智を保ち、不可能に近いその「平和」を犯すものをにらみ続ける性根が必要ではないのか、と私は思うのです。

「敗戦ショック」で武士道を喪失した日本人

長い歴史を経てきた武士道の心は、日本の心そのものではなくとも日本を代表する心でしょう。武士道の魂は武術・武芸の修練から一つの道の自覚を高め、道即心、心即道として無心に至るのです。

「和魂」や「大和魂」は、『源氏物語』『大鏡《おおかがみ》』『今昔《こんじゃく》物語』など多くの古典に出てくる言葉で、平安時代には漢学の知識や理性、才能を表す「漢才」「唐風」との対比で用いられたようです。ですから日本の古典や国事に精通すること、武勇に優れること、実用の才能があること、勝ち気であることなどを「和魂」「大和魂」と称しています。

日本は有史以来、内向と外向を表裏で繰り返してきました。鎖国期にも朱子学に対して国学が台頭しています。明治維新以後も、鹿鳴館《ろくめいかん》に象徴される洋風全盛期にヤマトイズム・日本主義が盛んになりました。維新以来、欧米化と国風を二〇年周期で繰り返しているという指摘もあるほどです。

これは、いかなる時代の潮流においても、ヤマトイズムが再生する力を持つことの証明ではないでしょうか。

日本のような武士団の存在はアジアだけではありません。西洋にも中世には騎士団があったが、近代になってすっかり消えてしまったのです。日本の武士は明治維新期も志士として活躍し、短期間にあれほどのエネルギーを結集しています。その理由は決して単一ではありませんが、精神的な面から探ってみれば、やはり武士道、そして武士としての心や魂以外には考えられません。維新から日清、日露も勝ち抜くことができたのは、数や量、武器のせいばかりではないでしょう。日本武士の魂の昇華ゆえであったと言うことができます。明治国家が世界で注目を呼んだのも、日本の武士道精神・武士の魂という一言に尽きるのです。

しかし戦後は「和魂」「大和魂」「日本精神」が忌み嫌われ、平和主義者や市民主義者など、反日日本人によって侵略戦争のシンボル扱いされるようになりました。

なぜそこまで先人の「魂」を嫌うのでしょうか。その理由を要約すると、次のようになります。

「大和魂・日本精神などの言葉は、国旗・国歌と共に日本のアジア侵略につながるものである。また労働者階級抑圧のシンボルでもあり、日本人民に敵対する観念であって、唯物論と相容れない」

「理性に背く盲目的な必勝の信念を支える反動的、神話的イデオロギーを象徴する言葉であり、ファシズム時代の産物である」

「軍国主義や皇国史観のシンボルである日本精神とは、一九三〇年代前後から敗戦に至るまでの間に戦意高揚のため国民に植え付けられたものである。反民主・反自由主義のために作られた反人民的イデオロギーだ」

「日本精神とは侵略的帝国主義による冒険的な戦争のためのスローガンであり、植民地拡大戦争を神聖化した。日本民族の比類なき優秀性を強調する、神懸かり的帝国主義の表れだ」

極めつきは「日本精神や大和魂はそもそも存在しない。あるのは実体のない軍国主義やファシズムのイデオロギーのみである」というものでしょう。だが台湾では戦後も「大和魂」「日本精神」は勇気の象徴として、日本語族の誇りの源となっているのです。

戦後日本人は敗戦のショックもあって「日本革命」を目指し、戦前までの伝統的文化や価値観、精神はおろか先人の事蹟まで否定し嫌うようになりました。

武士道の対極にある臆病、卑怯、無責任が世を覆っている今日、それを嘆くより前に、喪ったものの大きさを、日本人は思ってみるべきです。

武士道と騎士道に通じるフェアプレー

武士道の基本精神はフェアプレーだと私は思います。もちろんこれは騎士道精神にも通じるし、スポーツの精神としてもやかましくいわれているところです。強いだけでは駄目なのです。「詐道」「詭道」も忌み嫌われています。

フェアプレーを日本語で言えば「誠」であり、さらに「至誠」の精神でしょう。汚い手を使えば評判を落とし、信用も落ちる。武士の行動原理を律するのもやはり名誉です。武士にとって名誉は生命以上であり、戦場においても最大の勲功なのはいうまでもありません。敵将の首を取ることや一番槍は、最大の手柄と見られる。名誉ある死は不名誉な生に勝るのです。

とはいえ「誠」で強くても、それだけでは蛮勇のそしりを免れません。武士としては戦場で勝たなくてはならないのですから、精神的に高潔であるのみならず、体力的・技術的にも敵より優れている必要があります。ですから兵法としての「武道」を知ることも必要で、フェアプレーといっても決して兵法を否定しているわけではないのです。

戦場で勝つことこそ名誉であり、名誉こそ生命なのです。だからこそ知略としての兵法を修めなければならない。軍略は名誉を守る道でもあるのです。

「武士は食わねど高楊枝《たかようじ》」という言葉に見るように、日常生活においても清廉潔白を重んじて質素に生活し、苦境にも耐え忍ぶ精神を養うのです。それはつねに平常心を保つことでもあります。

明治末年、イギリスの日本学者であるB・H・チェンバレンは、武士道を忠君愛国の思想と共に明治日本で作られた「新しい宗教」だと指摘しています。

新渡戸稲造は、ベルギーの法学者ラヴレーから「あなたの国の学校に宗教教育はないのか。宗教なしでどうやって道徳教育を授けるのか」とたずねられ、答えを考えたあげく「武士道」に行き着きました。これは『武士道』序文にある有名な話です。

日清戦争後は「東の最果ての小国が、なぜ巨大な清帝国に勝ったのか」に国際的な関心が集中し、勝因として「武士道」の精神がクローズアップされるようになりました。

戴季陶が一九二八年に書いた『日本論』も、日本人の情死を賛美し武士を称えています。中国人が見ても、日本文化の中ではやはり武士道が一番目立つのではないかと、私は思っています。

宗教を超えた価値が日本にはある

鎌倉時代からすでに「兵の道」として、その覚悟のほどは語り伝えられています。江戸時代、朱子学が官学になってからは当然その影響を受け、儒教的仁義礼智信などの徳目も教養として唱えられるようになる。平時から自分を磨くこと、廉直、孝行、慈悲、倹約といった徳目も重視されました。

ことに重要な概念はやはり忠義・忠誠でしょう。どんな国家や社会、企業でも忠誠やロイヤリティは重んじられ、裏切りは忌み嫌われる。ヨーロッパで神や信仰への忠誠、近代中国で国家や共産党への忠誠が求められるのと変わりません。

日本で大きな価値を占めるのは、主君への忠誠です。夫婦の契りは二世、主従の契りは三世続くというように「御恩」と「奉公」の関係が何より重視されました。和辻哲郎はこの「御恩」と「奉公」について、双務契約ではなくそれ自体に価値が求められたことを指摘しています。

それは献身・無我の境地であり、主君のためには命を捨てることも厭《いと》わない決死の覚悟です。主君の側は己を律し、公正や慈悲を身につけねばなりません。庶民にも奉公や義理といった規範は根付いていったのです。

明治以降は忠誠の対象が天皇や国家、戦後は企業へと移り変わっていきます。それが現代日本社会・経済の礎《いしずえ》であり、日本の強さでもあるのです。

文治の時代だった江戸時代、日本の武士道は「文武両道」というより「士道」を重視していました。ですから「死」そのものを目指す山本常朝の『葉隠』はあまり読まれませんでした。武士道の神髄としてもてはやされたのは明治以降です。

西洋の騎士道と同様、武士道は日本という固有の風土で培《つちか》われてきたものです。神道や仏教の思想的影響も少なからずあり、「文士」の国の道や徳とは異なります。「誠」「真」「美」

という意識、死への覚悟と潔さ、そして名誉を重んじる精神性が欠かせません。
「敷島《しきしま》の大和心を人問へば　朝日に匂ふ山桜花」という本居宣長の歌は、日本人の心の気高さと美意識を詠んでいます。つねに美しく清らかに潔い日本人の生き様、精神文化が武士道精神として実を結んだ。それはフェアプレー精神であり、弱者に優しく他人に思いやりがあり、自己に厳しく我よりも他人のためにベストを尽くすことをつねに心がける。また献身・奉仕の心であり、義理を知り廉恥《れんち》をわきまえる心です。これこそ武士の心であり、魂でもあるのです。

武士道は宗教を超えていると私がつねにそう思うのは、宗教が「生と死とは何か」という人間のもっとも根源的な問題を問うのに対し、「武士道」は死ぬことと見つけたりと悟るに止まらず、さらに宗教心をのりこえ実践と美学まで昇華しているからです。

第二節　武士道と対等の「商人道」

山本七平に教えられたこと

石田梅岩《ばいがん》と鈴木正三《しょうさん》の名をはじめて知ったのは、山本七平の著書『日本資本主義の精神』（光文社　昭和五十四年）からです。

大学、院生時代に学んだのが経済、経営史学、やがて、西洋経済史、歴史哲学へと興味が変わっていった。あの時代に流行っていたのはアメリカ・ドイツ経営学、ことにドラッカー経営学で、院生時代に西洋経済史だけでなく、日本経済、経営史や思想史にも学んだことがあり、修士論文はマックス・ヴェーバーとカール・マルクスとの比較研究をテーマにしたが、「プロテスタンティズムの倫理と近代資本主義の精神」について、よく侃々《かんかん》諤々《がくがく》論じたものの、「日本資本主義の精神」など誰も語りませんでした。関心もあまりなかった。

昭和五十年代に一時、煩悩と迷いがあって、夜はバイトしながら昼は図書館に閉じこもって、仏教哲学を渉猟したこともありましたが、『石田梅岩全集』や『鈴木正三道人全集』を平常心で耽読したのは、もっと晩年になってからです。いったい何たる史学の研究だ？と自分の不勉強は今でも悔しみ恥じています。

山本氏の謦咳《けいがい》に接することはありませんでしたが、ある台湾の友人から氏の人物像を知りました。先輩格の知人は、台湾独立の論客としても過激な一匹狼として、じっさい極めて不安定な亡命生活を続けていました。生計といえば、山本氏から頼まれた台湾関係の新聞資料整理だけでした。

話題作『日本人とユダヤ人』以来、氏の著作や対談の大半を読んだが、中台関係の資料を利用した形跡はほとんど見られません。それは相手の自尊心を守るための心遣いではないかと私は推測しています。少なくとも氏の『勤勉の哲学』や『日本資本主義の精神』の中に取り上げられている、石門心学をはじめとする著作から、その心づもりが読み取れるのです。それは「山本七平の知恵」とでも「山本心学」といってもいいのでしょう。

日本人と中国人との、もっとも大きな違いは「誠」と「詐」の一字につきる、という話は私が繰り返し指摘してきたことです。もちろん中国人の「詐」といっても「見え透いた嘘」から「本音と建前」をうまく使いわけるなど、さまざまの手口がある。もちろん日本人の「誠」は神話時代からの「清明心」、つまり清き明き心、から「至誠」に至るまで、日本人の絶対欠かせない、しかも時代を超越する徳目にもなっています。

山本流の心学でいうならば、それが「本心」というものです。「本心」の存在を信じていない日本人は居ない。ですからこの「本心」の存在は日本人の共通信仰であり、この信仰のないものを、社会は受け入れないという。そして日本の社会秩序は各人が「本心」をもっているという前提で成り立っています。

となれば、神を前提とした社会に「神学」があるように、本心を前提とした社会に「本心の学」すなわち「心学」があって当然です。では「心学」とは何を学ぶのか。簡単にいえば、本心どおりに生きる方法を学ぶ学です。そのための方法、すなわち「薬」として、諸宗教・諸思想があるのであって、諸宗教・諸思想のために本心があるのではない。

（鈴木）正三の基本は正直であり、（石田）梅岩の基本も正直ですが、これは「本心」に対して正直であれという意味です。したがって、「それが外部への嘘となる場合もある。日本人は通常それを不思議としない。神の存在は信ずるが、本心の存在は信じない世界に行けば、日本人に神学が理解できないように、その世界では心学は理解されない」（『日本資本主義の精神』）

日本人は中国人に騙されても、また騙されるのは、まさしく日本人以外の人間も、そのありえない「本心」を信じているからでしょうか？

江戸時代はもっとも日本的な時代

私がまだ学生の時代には「江戸時代」といえば、イメージが暗かった。もちろんそうじゃない例外もあったのです。

たとえば明末の亡命儒学者、朱舜水は長崎から徳川光圀《みつくに》に招かれ、水戸の賓客となり、水戸学に大きな役割をはたした名儒です。彼は中国人のユートピアである「周の封建制度」を日本で発見、限りなく感嘆したのです。

江戸時代への再評価は、「江戸学」として関心がますます高くなるのは、マルクス史観の凋落と関係が深い。

山本七平の江戸観は、あの七〇年代から八〇年代の「時代の空気」の中では、きわめて独特であったのです。

氏によれば、江戸時代を知ることが、現代を知ることになる。というのは、江戸時代は「日本人の自前の秩序」を確立した時代であり、それが三百年近く継続した時代であるからです。それは明治以後のように西欧を模倣し、戦後のようにアメリカを模倣した「マネの時代」でもなければ、古代日本のように中国のみが典拠の時代でもなかった。ある意味では「マネ時代ではない」もっとも独創的な時代だったのです。

もちろん、それは、もっとも「日本的な時代」ではないでしょうか。

氏によれば、江戸時代は鎌倉幕府の崩壊から約三百年の混乱を経て、新しい秩序の再確立をした一つの「戦後」の時代であり、あらゆる面で、さまざまな問題を含む時代であった。

江戸時代は元禄・享保の間を境に前期と後期の二期に分けられます。前期は桃山時代の継続で、秩序回復、政治経済体制確立から経済の成長期。後期は民衆生活水準の向上期で、明治へのエネルギーを蓄積していた時代といえます。

あの時代は、士農工商が明確に分かれていた時代のように思えるが、決してそう簡単には言えない面もあったと氏は言います。

江戸時代という社会構造に対する精神構造の形成に大きな影響力をもったと思われる人物として、氏は前期に三河武士から出家した禅僧、鈴木正三。後期には武士から帰農した家系出身の、石田梅岩をとりあげました。

もちろん、あの時代の公的なイデオロギーや社会的なエートスは武士道でした。士から農・工・商としての農民の道や匠か商の道としての、町人の道を江戸の時代という超安定にして、日本人の「自前の秩序」を確立した時代に、マックス・ヴェーバーがいう「プロテスタンティズムの倫理」と類似する日本独自のエートスがあり、それが「日本資本主義の精神」だと山本七平が論証せんとしたのでしょう。

日本のプラグマティズムは、梅岩にはじまると氏は説きます。神を前提とした社会に「神学」があるように、本心を前提とした社会に「本心の学」すなわち「心学」があって当然だと断言するのです。そして「石門心学」の祖、石田梅岩を江戸後期の代表的な思想家として、とりあげたのです。

江戸の庶民社会に影響を与えた石田梅岩の平凡な生い立ち

石田梅岩（一六八五～一七四四年）江戸時代中期に登場した農家出身の町人で、江戸後半の百数十年にわたって庶民社会に少なからぬ思想的影響をあたえ、石門心学の祖といわれる人物です。

山本七平の人物評によれば、梅岩の生涯は「文字どおりの一介のサラリーマンであり、しかもあまり成功しなかったサラリーマンであった」。

梅岩は、貞享二年（一六八五）丹波国《たんばのくに》桑田郡東懸《とうげ》村に中農の次男として生まれた。今の京都府の亀岡市にあたります。本名興長《おきなが》、通称、勘平、梅岩は号です。

次男であったので、一一歳のとき当時の、村の風習にしたがって京都の商家に丁稚《でっち》奉公に出た。数年経って奉公先が没落したので、村に戻った。数年父母のもとで農作業や山仕事を手伝っていたが、二三歳のときに再び上洛して呉服屋の奉公人となった。

江戸後期にもなると、一見、商人は士農工商の最下位とされながらも、実際、本多利明のいう「外見には日本国中、武家の所領なれども、その実は商家の所領なり」といえるほど、商人が台頭しつつある町人社会でした。優勝劣敗の競争の時代がゆえに、多くの学問や思想が仮名草子という形で広く社会に浸透、町学者が多くなり、塾教育も広がっていく。朱子学だけでなく、伝統的な仏教や神道だけでもなく、国学も陽明学も蘭学も広がり、きわめてダイナミックな時代だったのです。

町人として、しかも生来「律儀で、正直でしかも徹底した理屈者」としての梅岩は、奉公人としての生活のかたわら、読書に励み、しだいに関心が神道から儒学に広がり、聖賢の行いを学び、世人の手本となることを念願するようになります。彼は「人の人たる道」（性《さが》を知る）を多くの町儒者のところへ教えを求めながら、三五、六歳のころ出会った師は、小栗了雲であった。梅岩の回心体験、つまり一種の宗教的悟りを得たのは、了雲と出会ってからでしょう。梅岩が禅師了雲に教えられたのは自らの目的を達成するために「発明」することが必要であり、それは「身の主」つまり心を知ることであるという示唆です。

たしかに、江戸時代に入ってから、朱子学は国学的な地位を確立されていたものの、思想、文化的には、決して中国の春秋戦国時代に劣らないほど、三教九流の百家争鳴、百花斉放の時代でした。梅岩が了雲禅師に出会った時まで、ほとんど、どの一家一言の学派流派にも所属、あるいは「免許皆伝」を得た学者ではなかった。石門心学を読むかぎり、神道からも儒学もあるいは仏道や老荘の思想も雑然と含まれています。そもそも禅は「心」の学びです。石門心学は、「儒教の性」を語っていても、神道をコアに生れた心学ではないでしょうか。

武士道があるように商人の道を説いた「石門心学」

石田梅岩が説く「心学」は、「商人道」として、同じく江戸時代に盛行している「武士道」と対比しながら、論じる論著は近年にも少なからず見られます。梅岩の思想を江戸時代の「プロテスタンティズム」として、マックス・ヴェーバーのテーゼ「プロテスタンティズムの宗教倫理」として説くのもある。もちろん東西洋の商人倫理として節約、勤勉、正直、創意工夫など共通の徳目も少なくない。中国の俗諺でいう「無奸不成商」、つまり奸悪な手口でなければ商売にはならない、という「奸商」の掟は、それまた別次元の話です。

梅岩の「心学」思想のコアについては、最初の著書『都鄙問答《とひもんどう》』や石田一門の門弟たちとの間の問答を後にまとめた『石田先生語録』などに語られています。そこには、「形に由《よ》るの心」というユニークな発想がでています。

それは、天が生じ育む万物は、すべてが、それぞれに天意を受けて、この現実の世界に存在しており、「かたち」とはその意思（天意）の具体的な現れだという。しかも人間もその万物の間に存在する「かたち」の一つであり、したがって、しかるべき位置、しかるべき役割がある。人間は誰でも「修業」によって、その（宇宙）秩序を知り、与えられているそれぞれの「かたち」と、そのありかたを知ることができる。この「形に由るの心」を知ることによって、商人の社会的存在意義を知ることができる――と説きました。

梅岩は、心の本質を求めて「形に由るの心」という考えに達し、「形ある者は形を直に心とも知るべし」と言います。人の世においては武士の形を取れば、おのずから武士の心があるべきであり、町人の形を取れば、自然に町人の心がなければならないと。

「形に由るの心」というのは、梅岩心学において「理」とか「性」とか、「道」とか「天」とか呼んだ形而上学的な理念を経験世界の具体的道徳に結びつける媒介者としての重要な役割を働くものです。それにより、武士には武士の道、農工商には農工商それぞれの道が形成されたと言うのです。

梅岩は『倹約斉家論』の中で「倹約」という具体的な実践徳目を説きます。「倹約」とは「財宝を節《ほどよく》用いる」ことであり、自分の「分限に応じて」、「法にかなうように」用いることだと言います。

それは天意にしたがって、自分の「かたち」を正しく用いるために必要な「性」を知るということです。

若干難解に見える説ですが、「性を知る」ということは、孟子や荀子の性善性悪説にもあるように儒家思想のテーゼの一つです。

いわゆる心の磨種《とぎくさ》として、神道、儒学、仏教、老荘の原典など諸教諸学を学ぶのは、梅岩によれば、それは結局「心を得る」「性を知る」ということであり、悟りを得ることです。

この「性」については、梅岩の弟子手島堵庵《とあん》は庶民にも解りやすいように「本心」と言いかえました。山本七平に言わせれば聖書に「本心」は一度も出てこない。聖書には、たとえば「本心においては悪人はいない」といった意味の「本心」は存在しないと言います。日本には「社会の中の自然現象」ともいうべき意味の「自然」という言葉がある。人間はこの「自然現象」のとおりにしなければ、不自然になる。したがって、「心」すなわち内心の秩序、宇宙すなわち天然自然の秩序は同一であり、この二つをつないでいるのが「かたち」であり、「かたち」に従っているのが自然であり、それに従うのが「道」であり、その基本を、きわめたものが、聖人ということになるのだと、氏は言うのです。

自己と天地が一体化した梅岩の「開悟体験」

日本の伝統的社会、ことに武士社会は、伝統的には重農軽商よりも重士軽商でした。だが江戸時代に入り、社会が安定し、幕藩体制化であっても武士が没落し、逆に武士道の精神が高唱する時代になる。もちろん社会が安定してくると、経済生活も向上しはじめる。商品経済と貨幣経済の発達につれて町人が頭をもたげる。「武士道」と同じように商人倫理を説く「商人道」も徐々に熟成してくる。梅岩もその江戸中期の代表的人物の一人です。「商人として、どう生きるか」「生きるべきか」、梅岩によれば、まずその土台としての「心」を知り、「性」を知らなくてはならないのです。

そもそも儒教の教説は「忠・孝」「仁・義」など五倫、五常を説く家族倫理や「治国平天下」の政治論でした。六朝の時代から没落し、約千年近く後の宋の時代になって、「縁」「恩」・「輪廻」「悟性」を説く仏教思想の影響で、「理」と「気」の学が盛んになり、それを集大成したのが朱子学、それに対抗したのが明の時代に生れた陽明学です。

「心」とは「理」と「気」が相合して生じるもので、「心」と「理」とは別々のものではなく、「心」すなわち「理」です。「心」そのものは赤子の心のようなもので、もともと善でも悪でもないと説くのが朱子学です。もっとも排仏的な朱子学は、「心」については、仏教の「心説」に限りなく近いものではないでしょうか。

梅岩の心学が性を知ることから始まることは『都鄙問答』にあります。性を知ることは、心を知ることにほかならない。この石門心学の根本の「心」を「本心」と説き直したのは門人の手島堵庵です。

梅岩は天理に即して私欲の無いことで「正直」の根拠を求め、「仁義の良心」に私心なき「正直」の徳を求めたのです。

梅岩の思想については、「唯心論」の立場に立ったものと評価されてきました。もちろん逆の見方もあります。梅岩は「物」と「心」の関係について、「心」を鏡にたとえ、これに写る「万物」それぞれの「形」に応じて何の偏向も加えない対応がなされるべきだと説いています。また「汝万物ニ対セズシテ、何ニヨッテ心ヲ生ズベキヤ」ともいう。少なくとも彼のこのような所説を見る限り、彼は精神的、心的なものよりも、むしろ物質的なもののほうを、より根源的で、第一次的としているという逆の見方もあります。

梅岩の「開悟体験」は自己が天地と一体化し、天地が自己そのものとなる体験でした。「開悟」とは「文字」つまり経書を学ぶことによってではなく、自己の修行（修業）を通して達せられたものです。学問とは「文字」を通じてよりも口語による説教としてより有効だと考えていた。梅岩は「文字」に対する徹底的な不信がある。いわく文字制作以前に「名」（言葉）があり、「名」以前に「物」があり、天道（天地の生成）があった。「文字」とは、はるか後世に便宜のため、ものごとの伝達の手段として作られた「器」にすぎない。ですから梅岩は経書ではなく、「講釈」というかたちで、口語によって学問を伝えるのです。

この考えは『都鄙問答』によく出ています。

プロテスタントの倫理観に近い商人道

石田心学が説くのは正直、倹約、さらに分限（知足安分）、滅私、勤勉、堪忍などの倫理規範です。

滅私奉公の「勤勉」と分限意識に根ざす「知足安分」が石門心学の職業倫理としてのコアです。

老子は「知足」するものは「富」という。梅岩の「倹約」の理念はまさしく、その「知足と分限」からくるもので、分相応に暮らす分限意識は多くの老舗の共通の理念にもなっているのです。

そもそも商家の伝統的徳目の一つとして「始末」というものがありました。それが倹約でもある。梅岩は倹約と正直は不可分のものと考え、おのれの「分限」に応じて過不足なく暮らすことが倹約であり、吝嗇《けち》とはちがう。したがって倹約とは義をつむことであり、仁の実現ともいうのです。この自分の「分限」に応じて無駄なく暮らす分限意識は、M・ヴェーバーがいう禁欲的職業倫理と通じるものでしょう。

梅岩の実践道徳へのベースは、天地の心に帰り、天地の心を得、私心なく、無私無心にして仁義の行われるというものであったが、このような道徳の根本は、正直の一言につきるとかんがえた。神道がもっとも正直を貴ぶことはいうまでもないが、商人道の根本もまた、この正直の徳以外にはありえないと考えたのです。「屛風と商人とは、直なれば立つ。曲がれば立たず」ということを取り違えて」はならないと主張し、商人の「正直」道徳を最高の道義と考えたのです。

ヴェーバーによれば、「プロテスタンティズムの倫理」――つまり節約、禁欲と勤勉のエートスが「資本主義の精神」につながる。というのは、救いが個々の功徳を積み上げることによって、得られるカソリックの教えに対し、プロテスタントの教えはまったく違う。善行をすれば、その見返りとして救われるというようなものではなく、救いは、ただ神意のみで決まるからです。もちろん仏教の因果応報の思想もカソリックに近い。しかしプロテスタントの倫理観は、人は神から使命である職業につくすことで自分で自分の救いの確信を作り出すのです。梅岩の商人道は、このプロテスタントの考えに近いのです。

武士と商人が対等であることを堂々と主張

梅岩によれば、士農工商の四民の違いは「職分」だけの違いだと解しました。「一箇の小天地」として人間としての道は同様ですが、職業分担が違うのであり、いずれの職業がなくとも天下は成り立たない。

商人は農民や職人と違って働かないで利のみを貪るだけではない。商人は天下の物品をくりまわして人々の難儀を救う存在です。商いも家業であり、家業は利得なしには成り立たない。商人の利得を武士の禄に等しいと堂々と主張してやまないのです。

梅岩は士農工商の職分は天命であり、天職であるので、その本来の意味からすれば、決して上下のあるものはない。ですから町人も天職を遂行する上において、武士に対して、自らを卑下することは決してないというのです。商工を市井《しせい》の臣として、商人はその職分において武士のそれと比べても尊卑のあるはずがないとした。商人の売利も武士の俸禄とたとえ、商人として正当な利を得ることと欲心とは、はっきり区分け、「商人の道」だと正当化しているのです。

そもそも勤勉と正直は神代時代からの日本人の伝統倫理で、もっとも日本人らしい日本人的性格です。

たとえば、天照大神は高天原で、みずからハタを織るだけでなく、御歳の皇神、水分に坐す神、神留り坐す皇神《すめかみ》、神漏岐命《かむろぎ》、神漏美命《かむろみ》も一生懸命に農作業をしていた。神人共働きという日本の原始神道は、人間だけでなく、天照大神も田の神である祖霊も、穀霊も働く。天皇も、農民も、士農工商がともに働いているのです。この神々と人間がともに働き、ともに豊収を喜ぶ精神こそ、日本人を働き蜂に育て上げた精神的風土です。

梅岩の商人倫理は幕末の二宮尊徳の経済倫理と一脈を通じています。ウサギ小屋で我慢できる日本人の働き蜂精神こそ、M・ヴェーバーの言っている資本主義的倫理につながる禁欲主義の精神ではないでしょうか。少なくとも日本人のこの勤勉な伝統的エートスは、雲に乗って四海に雲遊する中国人の昇仙願望、つまり遊び願望、絶対働かない儒教倫理とは、きわめて対照的ではないでしょうか。

儒教の「仁義礼智」の倫理について、梅岩は商人の道として、「仁とは他人を思いやる心」「義とは人としての正しい心」「礼とは相手を敬う心」「智とは知恵を商品に生かす心」と講釈していた。この四つの心を備えれば、お客様に信用、信頼され、商売繁盛になるのだと説きました。

和辻哲郎は、梅岩はこの正直の教えを伊勢の御師から得たと言っており、また正直を説く『皇大神宮の宝勅』を引用しています。従ってそれは清明心の道徳の伝統をひいた考えであったと神道からの影響が強いことを指摘している。梅岩思想の形成は神道からスタートしたのは、ほぼ間違いがないでしょう。

全国的に広がっていった梅岩の教え

梅岩の自著とされているのは『都鄙問答』と『倹約斉家論』の二つと直接の自著かどうか疑問の残る『莫妄想』と門人をはじめ、さまざまな人々との討論記録である『石田先生語録』の四冊をのこしているだけです。

石田梅岩が『都鄙問答』を著したのは元文四年（一七三九）のこと。時は元禄バブルが崩壊、名商、政商が相次いで追放、財産没収の憂き目にあった。不況、先行予測のできない経済・社会環境の激動期の時代です。梅岩は「商人の利得は武士の俸禄と同様」「万事、物の法に随うこと」、商いは適正利潤を得るようにすれば「福を得て、万人の心を案ずることができる」と唱えた。『都鄙問答』は、江戸時代に一〇回、明治以降にも一四回版をかさねたロングセラーです。

梅岩の「心学」はアメリカの資本家ベンジャミン・フランクリンよりも半世紀早く、『諸国民の富』を著したアダム・スミスとの共通性も指摘される日本的経営の始祖ともいわれます。

『倹約斉家論』は梅岩没年の延享元年（一七四四）に出したもので、具体的な実践徳目として「倹約」を説くものです。『都鄙問答』以上に流布し、江戸時代から明治時代にも版をかさね世に受け入れられた。

彼の没後、弟子の手島堵庵（一七一八～一七八六年）や中沢道二（一七二五～一八〇三年）をはじめ、斎藤全門、木村重光、富岡以直、薩埵徳軒、柴田鳩翁、脇坂義堂ら弟子たちや商人たちの活動によって、梅岩の思想が次第に全国的に拡大していく。幕末には商人ばかりでなく、農民や武士、若干ながら大名階級にも帰依者が広がっていたのでした。

同時代に、梅岩への評価は高くなかった。「異端」であり、「儒者」としては「無学」の町学者であった。もちろん彼は「儒者」ではなかったのです。

じっさい、梅岩の学は日常生活で遭遇する具体的な諸問題に関して、門人たちとの間で取り交わされたものであった。ですから儒学の経書や抽象的学問の体系とは無縁な実学です。

「学問」として漢籍の経書をよりどころとし、そこから解釈と意味をつむぎ出してくる当時の儒学とは、まったく違うものです。日常的諸問題に正しく自在に対処できる町人の学、民衆のための学です。民衆の生活に実用的にして、リアリティをもって実感できなければ、学問ではない。いかに学問の効用を説き聖人の権威をもちだしても、意味をもちえない。梅岩のいう「学問」とは経書に依拠するものではなく、日常的諸問題に自在に対応できる根拠としての学問であった。それが「学問の力」だったのです。

そもそも梅岩からはじまった心学塾は京都の町中で聴講無料・出入自由・女性も一人だ

郵便はがき

料金受取人払郵便

牛込局承認

7734

差出有効期間
平成30年 1 月
31日まで
切手はいりません

162-8790

東京都新宿区矢来町114番地
神楽坂高橋ビル5F

株式会社ビジネス社

愛読者係 行

ご住所 〒 TEL:　　(　　)　　FAX:　　(　　)		
フリガナ お名前	年齢	性別 男・女
ご職業	メールアドレスまたはFAX メールまたはFAXによる新刊案内をご希望の方は、ご記入下さい。	
お買い上げ日・書店名 年　月　日	市区 町村	書店

ご購読ありがとうございました。今後の出版企画の参考に
致したいと存じますので、ぜひご意見をお聞かせください。

書籍名

お買い求めの動機

1　書店で見て　　2　新聞広告（紙名　　　　　　　　　）

3　書評・新刊紹介（掲載紙名　　　　　　　　　）

4　知人・同僚のすすめ　　5　上司、先生のすすめ　　6　その他

本書の装幀（カバー），デザインなどに関するご感想

1　洒落ていた　　2　めだっていた　　3　タイトルがよい

4　まあまあ　　5　よくない　　6　その他(　　　　　　　　　)

本書の定価についてご意見をお聞かせください

1　高い　　2　安い　　3　手ごろ　　4　その他(　　　　　　　　　)

本書についてご意見をお聞かせください

どんな出版をご希望ですか（著者、テーマなど）

けでもどうぞの私塾としてスタートした。講釈の相手は商人をはじめとする町民で、やがて聴衆が増え、大阪、河内，和泉に出張するようにもなった。そして松平定信の信頼をえて幕閣や大名に入門者が現れ、その庇護の下で幕府の庶民教化政策にも組み込まれ、ついに心学は全国四二ヵ国、五一藩、一八〇ヵ所に講舎をもつ最盛期を迎えるようになったのです。

化政、天保期に心学は隆盛期を迎え、町奉行の後援、奨励、大名の入信など武士階級にも浸透して、町人の日用的学問としてだけでなく、武士の精神修養の学としても利用されるに至っています。寺子屋との接触による童蒙教育にも、武士心学にも導入されています。心学の布教活動によって、江戸中期から明治、大正、昭和にまで大きな影響力をもちつづけた思想運動だったことについて、石川謙の『石門心学史の研究』（岩波書店・昭和十三年）や竹中靖一の『石門心学の経済思想』（ミネルヴァ書房・昭和三十七年）に詳しい。

終戦直後から約一〇年間にかんして、伝統的な日本文化を厳しく断罪する気風が流行り、心学についても「町人によって要求せられた俗流儒学」「封建的イデオロギーの町人的変種」などときびしく非難されていたのです。

石門心学は従来教育史、倫理思想史、経済思想史の分野から行われ、豊かな研究蓄積をもっていますが、戦後になってファシズム体制の形成期において、体制への従順と知足安分などの心学思想、唯心論的な思想として、永田広志、平野義太郎、丸山真男ら進歩的文化人から批判され、葬られようとされました。

心学道話の一部が翻訳され、外国に紹介されはじめたのは、すでに明治初期から見られ、リーズデイル男爵の『日本昔物語』が知られ、一九五七年にロバート・N・ベラーの『徳川時代の宗教』が有名です。石門心学は七〇年代以降、日本経済の高度成長、日本的経営が刮目《かつもく》されるにつれて、内外から再評価され、もちろん日本の商人論理にかぎらず、日本の伝統的エートスとしてもさかんに語られるようになっているのです。

第三章

日本仏教の真髄・空海と道元

第一節　日本人の心を網羅した空海の『十住心論《じゅうじゅうしんろん》』

「以心伝心」を重んじる日本人

日本人がいう「以心伝心」を西洋人はなかなか理解できないと言われています。「目は口ほどに物を言う」という言葉は有名ですが、近代市民社会の市民、あるいは近代国民国家の国民、また人民共和国の人民にとってもむろん、なかなかできない「芸当」であるに違いありません。

しかし村社会やアウトロー的集団、××一家、○○族単位であれば「目は口より物を言う」のみならず「以心伝心」のコミュニケーションは決して珍しいことではないでしょう。日常生活の中でも連れ合いを一言呼べばすぐ「お茶でしょ」「コーヒーでしょ」と返事があるので、どうしてこんなに読まれてしまうのかと首をかしげることもありますが、これも数十年の連れ合いだからであろうか。家族に限らず、気心の知れた友人もそうでしょう。人間関係が市民社会にまで拡大していけば、「以心伝心」の神通力もそれなりに衰退するに違いないわけです。

「以心伝心」は「心を以て心を伝える」、つまり言語ではなく心で通じ合うという意味です。西洋にも「沈黙は金、雄弁は銀」ということわざがあるように、語ること、対話することより沈黙のほうが有益な場合は多いでしょう。法廷で「黙秘権」があるのも沈黙を守る権利といえます。

しかし日本人はことさら「言わぬが花」「口は災いの元」のように、下手に言葉に出すことは無意味、あるいは損と考える傾向があるように思われます。言葉以外の意思の伝達手段が「目は口ほどにものを言う」の眼差し、「不言実行」の行動、そして「以心伝心」の心です。言葉を交わさずして意思を通わせるには、やはり共通した文化的・精神的背景が必要です。目が口ほどにものを言うのは、やはり家族や恋人、親友などごく限られるだろう。そうしてはじめて、「心」は言葉を越えて互いの意思を疎通させることが可能になるのです。

実際、日本人が心を重んじる民族であることは間違いない。西洋人に比べてというばかりでなく、文化的・文明的により日本人に近い中国人と比べても、同様です。中国で三〇年以上布教活動をしたアメリカ人伝道師アーサー・スミスによる不朽の名著『中国人的性格』（中公叢書）には様々な民族性が取り上げられていますが、その後、氏は別の論著で中国人の民族性で唯一見つけられなかったのが「良心」だったと書いています。

これは百余年前の当時ばかりではなく、古代から中国人は「没良心」の国民なのです。ではなぜ彼らに「良心」が存在しないのか。それは私がずっと探り続けているテーマの一つでもあります。

中国人の精神史上、「心」について語られたことは絶無ではありません。春秋戦国時代には孟子が、人間の本性は善であるという「性善説」を説くにあたって「惻隠《そくいん》の心」をあげていました。禅や陽明学でも「心」を語ります。だが「良心ある人間は社会から孤立する」ということわざがあるほどの中国社会で生き残るには、それが喪われてしまうのもやむを得ません。

「大道廃れて仁義あり」という老荘の思想は、私から見ればじつに「真言」に近い。心を喪い世俗化した民族を特性づけるのが形式主義・現実主義・実利主義に他なりません。「礼」や「徳」も形式主義・現実主義の歴史的産物なのです。

日本人はそれとは違う。神話や伝説の時代から「赤き清き心」「清明心」が重んじられていました。これは上古の時代に自然から生まれ、仏教の伝来によっていっそう深化したものと思われます。

「心」が仏教、儒教、道教の教えの核

心の問題を説くのはお坊さんというのが通り相場でしたが、最近は親や教師、上役に至るまで、説教するときにも「心」の問題を語るようになりました。神官はお坊さんほど説教はしないものの、古神道では何よりも「清明心」が重んじられ、古代から聖、常、直、正という心のあり方を学んできました。

聖徳太子の時代から、倫理的価値観は心の問題として語られてきました。聖徳太子は『唯摩経義疏《ゆいまきょうぎしょ》』の中でこう述べています。

心は万徳の元本なり。今の心がすでに浄ければ、すなわち一切の功徳を生じ、なんぞ不浄なることを得ん。

また「直心はすなわちこれ万行のはじめなり」とも説いています。

儒教は「孝」を万徳の元本と唱えていたが（「孝為先」）、日本では「心」こそ元本と考えられていた。日本と中国はやはりここが違うのです。

もともと「心」は三教（儒教・仏教・道教）の教えの核となるもので、「心」は神仏と共にあるというのが日本の「心論」の常識でした。無難《むなん》禅師は「心は神といい、天道といい、

仏という。三国にわたり言は別にしても一体なり」（『自性記』）と説いています。
そして近世になると仏教や儒教から徐々に離れて、石田梅岩《ばいがん》のような日本独自の「心学」が成立しました。

仏教伝来以来、「心」について最も系統的に論じたのが弘法大師空海の『十住心論《じゅうじゅうしんろん》』です。
延暦二十三年（八〇四）、最澄・空海が相次いで入唐して仏教を学び、天台宗と真言宗を伝えました。菅原道真《みちざね》の進言によって遣唐使が廃止されてから三百年、空海の死後四百年が経って、親鸞上人や道元禅師、日蓮上人が続きました。こうして仏教は日本に定着し、日本の風土に育てられた鎌倉仏教が栄えます。

空海は真言密教の開祖であるのみならず、よく知られるように詩文や書や文芸、教育、さらに社会事業でも幅広く活躍し、ノーベル賞受賞者である湯川秀樹氏も彼をレオナルド・ダ・ヴィンチを遥かに超える不世出の天才と評しました。

インド・中国・日本の仏教思想の全コースを体得し、日本仏教思想の流れの中でも重要な位置を占める画期的な人物です。すでに二四歳で『三教指帰《さんごうしいき》』を著し、儒仏道三道にわたる当時の世界観のすべてを網羅しています。後年の教相《きょうそう》解釈である『秘密曼荼羅十住心論』『秘蔵宝鑰《ひぞうほうやく》』『弁顕密二教論《べんけんみつにきょうろん》』などの著作ではインド・中国各派の哲学・教義・人生観・世界観をカバーし、実を結んでいます。『秘密曼荼羅《ひみつまんだら》十住心論』、すなわち『十住心論』は当時の普遍的な人間観であったということができます。

空海の真言密教が一種の深層心理学である所以を、もっとも完成した形で示しているのがこの『十住心論』です。これは顕教批判であると同時に人間の住心（宗教意識）を発展的に分けて論じた宗教的分析心理学でもあるのです。

中国に渡り最短で密教の最高位を与えられた空海

空海がいつ正式に仏道に入ったかは明確ではありません。私度僧《しどそう》（公の許可なく僧となること）として修行を重ねていた時期に「大日経」などの経典に触れ、密教を学ぶことを志したと考えられています。

伝説によれば、空海の夢枕に現れた仏から「大和の久米寺に行くがよい」と告げられ、訪れた久米寺の塔で「大日経」に出会ったとされています。恐らく本格的に密教を学ぶためにサンスクリット語（いわゆる梵字）などを身につけるべく、渡唐を決意したのでしょう。

空海は延暦二十三年（八〇四）に遣唐使として唐に渡っています。それに先立って得度《とくど》したと考えられると、正式な僧となったのは三〇歳前後ということになります。

空海と共に最澄もこの時渡唐しています。当時の渡海は文字通り命がけであり、空海の乗った船も台風に遭って三四日間漂流したすえに、福州《ふくしゅう》の長渓県に到着しています。最澄の船はその一ヵ月後に明州《めいしゅう》の港に着いたが、残りの船は行方知れずになってしまいました。

入唐を果たした空海は、翌年にはまずサンスクリット語を学びはじめます。そしてインド正統の密教を伝える長安の青龍寺《しょうりゅうじ》を訪ね、密教七代目の祖師にあたる恵果《けいか》和尚に師事しました。恵果和尚は無名の空海を「我れ先より汝が来ることを知りて相待つこと久し、今日相見ること大いに好し、大いに好し」と出迎えたといわれています。

五月に弟子入りして六月に胎蔵《たいぞう》界の灌頂《かんじょう》、七月に金剛界の灌頂を受けている。灌頂とは伝法や結縁などに際し水を頭に注ぐ儀式を指します。

そして八月には阿闍梨《あじゃり》の伝法灌頂を受け、遍照金剛の密号を与えられました。他の僧の模範となるべき高位の僧が阿闍梨であり、千人以上いた恵果和尚の門弟の中で伝法灌頂を受けたのはわずか六人、しかも何年も修行を積んだ者ばかりです。空海の素質がいかにたかかったかがわかります。

この年の十二月、恵果和尚は入定《にゅうじょう》しました。その葬儀の際、空海は全弟子を代表して碑文を撰している。「早く帰国して国家安泰と国民の幸福のために密教を広めよ」という恵果和尚の遺言に従い、空海は大同元年（八〇六）に帰国しました。渡唐から二年後のことです。

帰国後は九州の大宰府や和泉国で何年か過ごしたあと、京の高雄山《たかおさん》寺（後の神護寺《じんごじ》）に入りました。帰国の一〇年後には高野山を賜り、布教や密教体系の完成に勤しむ。そして承和二年（八三五）、六二歳で入定しています。

『十住心論』に書かれた心の発達段階とは

『十住心論』は空海自身の宗教体験や仏教観、仏教思想の探求の集大成といえる書です。同時に人間の「心」についてそれまでの伝統を踏まえて体系的に考察し、真言密教へと導いていく書であり、人間の「心」を論理的に追究していく心観の書です。

空海はここで人間の「心」を十の段階に分け、その最終段階に向けて深化し高まっていくものだと考えています。

一　異生羝羊住心《いしょうていようじゅうしん》…「異生」＝凡夫、「羝羊」＝牡羊。本能や煩悩に突き動かされる心。

二　愚童持斎住心《ぐどうじさいじゅうしん》…「愚童」＝幼児、「持斎」＝身を慎むこと。倫理や道徳の目覚め、儒教。

三　嬰童無畏住心《ようどうむいじゅうしん》…無心な幼児のような境地。老荘思想。

四　唯蘊無我住心《ゆいうんむがじゅうしん》…「蘊」＝物を集め積み重ねること。小乗の修行によって無我を自覚する声聞《しょうもん》の境地。倶舎宗《くしゃしゅう》。

五　抜業因種住心《ばつごういんじゅじゅうしん》…業因の種を抜き去る「縁覚《えんがく》」の境地。縁覚宗。

六　他縁大乗住心《たえんだいじょうじゅうしん》…他人を救済する大乗仏教の境地。法相宗。
七　覚心不生住心《かくしんふしょうじゅうしん》…「心不生」＝本来の心のあり方を悟った境地。三論宗。
八　一道無為住心《いちどうむいじゅうしん》…仏道のもとに執着を離れた境地。天台宗。
九　極無自性住心《ごくむじしょうじゅうしん》…宇宙や自然、自己などすべてにそれ自体がなくなる境地。華厳宗。
十　秘密荘厳住心《ひみつしょうごんじゅうしん》…身体、言語、意識が一体となって大日如来《だいにちにょらい》＝宇宙と合一する境地。真言密教。

一～三が世俗的、四～五が小乗仏教、六以後が大乗仏教の心の発展段階をそれぞれ表しています。人間の心は心身の修行によって深化し、悟りの境地へと近づいていく。そして八～九は実践の段階です。法相・三論のロゴス（論理）的段階から天台・華厳のパトス（感情）的段階へと悟りを深め、最終的には人間の到達できる最高の境地である真言密教に至ります。

この区分は人間の心が持つ種々の心相を平面的に述べたものではありません。その主題は第十住心に至りつくための、そしてその段階への傾斜の中に自己を確認するための階梯なのです。

空海のこの理論によれば、儒教や道教は心の発達の上でまだまだ初期の段階です。幼児がしつけを受けたり無邪気に遊んでいたりするだけで、自分を磨き高めていく心の深化というには程遠い。これに関しては私も同意見です。

「密教こそ最高の教え」

『十住心論』は、人の心が迷える状態から悟れる状態までを段階別に論じたものではあるが、完全に空海の独創というわけではありません。

元来『大日経』の第一住心品第一にその原型が求められているが、『大日経疏《だいにちきょうしょ》』や『菩《ぼ》薩心論《さつしんろん》』の各住心の根拠、『三昧耶戒序《さんまやかいじょ》』、さらに『釈摩訶衍論《しゃくまかえんろん》』所説の五重問答からも思想的背景を汲み取っています。そこに空海独自の見解が加味され、真言行者が自己の種となる住心のあり方を観察し、確実に秘密荘厳にまで自己を高めていく道程、また自己を確認していくための転迷開悟のありようを体系的に論じたものです。

平安時代初期におけるあらゆる思想・宗教の諸形態を組み込んで新たに組織立てたものなのです。

第一住心から第三住心までは「世俗の三心」と言われ、宗教以前の心の段階です。無道徳な人・道徳的な人・宗教的な人の三類型に分類されていますが、いずれも仏教に属さない人の心です。

儒教道徳などの類は世間の教えとしての「世間道」とされています。道徳心の芽生えとしての倫理道徳は、世の中での生活を規制する低次元の心なのです。これはすでに青年時代の『三教指帰《さんごうしいき》』における儒道批判・仏教の優越性確認によって明らかにされています。

第四住心からが仏教の出発点となります。第四住心から第十住心までが、仏教信仰の諸相を浅いものから深いものへと区分したものです。第四住心が声聞乗、第五住心が縁覚乗の二乗をそれぞれ表しています。

第六住心から第九住心までは順次、法相・三論・天台・華厳と教判的に区別されます。これは密教の立場から見ればそれぞれ弥勒・文殊・観音・普賢の三昧（一事に集中すること）であり、いずれも大日如来の普門の総徳を部分的に顕現したものと考えられています。

最後にして最高の秘密荘厳住心《ひみつしょうごんじゅうしん》は、身口意《しんくい》の三秘密をもって仏自証の極位を荘厳する心、自心の根底を如実に察知・証悟した心です。そして真言密教の教えを受けて修行し即身成仏して、曼荼羅の諸尊になりきる心でもあります。空海は密教こそ最高の教えであり、この教えを受けた者こそ最高の住心に到達するものとしたのです。

『秘密曼荼羅十住心論』や『秘蔵宝鑰《ひぞうほうやく》』が説く十住心の思想は、「九顕十密」「九顕一密」の思想といわれます。これは密教と顕教において優劣深浅があるとする教判思想、および菩提心の展開に重点を置く密教こそ最高と説く教判思想からくるものです。

いずれにしても十住心はそのまま心内の曼荼羅であり、人間の心の諸相である、と考えるところに密教思想の特色があるのです。

仏教における「唯蘊無我《ゆいうんむが》」から「秘密荘厳《ひみつしょうごん》」までの七つの住心は、ただ仏教教理の比較体系を示しているばかりでなく、空海の心の遍歴そのものでもあるのです。もちろん当時のあらゆる人間の心のあり方の諸相を類型化・序列化したもの、心の進化論あるいは成長論と見ることもできるでしょう。

また同時に宗教心理あるいは仏教の人間観の解明にも寄与した、すぐれた仏教の思想体系でもあるのです。

ヘーゲルの『精神現象学』に千年先行する認識論

キリスト教は魂の救済を説き、仏教は煩悩からの解脱を説く。だが真言密教の教えは第一住心の「異生羝羊《いしょうていよう》」からはじまり、至高の自覚への到達によって人間性を完成させることが、究極の理想の目標とされる。それが即身成仏です。ここに宗教的な全人格が成就されるのであって、決して心だけを他から切り離しているのではありません。

空海のこの『十住心論』は釈尊の一代の教法を対象としたものではなく、原始仏教から空海の時代に至るまでの全仏教、さらに仏教以外の宗教、哲学、思想に至るまで、あの時代のあらゆる文化的事象をも批判の対象にしているため、その意味においてよくドイツの哲学者ヘーゲルの『精神現象学』における歴史哲学的な認識論と対比されています。

また『十住心論』はただの思想批判だけにとどまらず、精神の発展段階を見事に示したものでもあるから、人間の種々相を語る人間学としても見られており、その意味でまさしく千年後のヘーゲルの先行とも言えます。そこにあるのは人間の「精神分析」への共通性です。

もちろんヘーゲルの『精神現象学』の背景にはキリスト教社会があり、歴史的・社会的事情も異なります。厳密にいえば仏教は無神論にして多神教であり、宗教というよりも悟りの哲学です。一方キリスト教は神話的要素が教義の根幹となっており、それを背景としたヘーゲルの『精神現象学』は、人間の自覚体系としての『十住心論』とは根本的な相違があるわけです。だからまったく同質に論じることこそできないが、哲学的思弁の共通点も決して少なくないのです。

ヘーゲルの『精神現象学』の体系は、その書名で掲げられている通り『精神の現象の学』と『意識の経験の学』であり、人間の意識がその低次の形態から高次の形態に至るまで段階的に上昇していく認識論的過程であるとされています。世界の実体・主体である精神が歴史的に自己を発展させてきた過程としての精神史について論じているのです。

一方の『十住心論』は十種の心の発展分析であり、現象学的な方法をもって人間の心の世界を教説と対比分析する生命観、悟りの哲学です。また東洋諸思想の心の段階的発展を理論的に捉えた思想史上の意義も持っています。ここに描かれた心の発展段階についての考察は、ヘーゲル・マルクス的な西洋の存在論・論理学に先行する認識論といえるのです。

宮坂宥勝《ゆうしょう》氏は『密教世界の構造』の中で、ヘーゲルの『精神現象学』に感覚的直感の段階から絶対智の最高の段階に至る精神の発達的段階が、空海の十住心体系と極めてよく似ていることを指摘すると同時に、次のようにも述べています。

ヘーゲルの精神の発展は直線的なところがある。それに対して空海のそれは円環的である。深秘の秘密荘厳すなわちマンダラ世界はあらゆる心の世界、すべての諸思想を内深くつつみこみながら全体的世界像としてそれらを越えているところの絶対的である。

空海のように仏教以外の諸思想をも含めて、一切の思想体系全体について比較思想論を打ち立てた西洋人はいませんでした。近代になってからヘーゲルやドイツの哲学者ディルタイにわずかに見られるのみです。世界の思想史から見ても、空海の貢献はただ呪術的なインド仏教、唐密教をより精密に理論化して築き上げたことや、また低次の顕教を高次の密教と対置させたことのみにとどまらない。従来の書斎的思索の理論に対し、体験的世界である密教へのアプローチから世界の諸思想、哲学、宗教をも包摂して共生の道をマンダラの世界に求めた生命の学を提示したことがあげられるでしょう。

他宗派にも寛容

宗教とはたいてい排他的で、宗派が違えばなおさらです。今でもそれに変わりはないものの、世俗化した中国人は特に極端なのです。

たとえば中国史上では、「三武一宗《さんぶいっそう》の法難」（中国で起こった四度の大規模な仏教弾圧事件）による「破仏」、「洗回」と呼ばれたイスラム教徒の皆殺し運動、義和拳乱のようなキリスト教徒の皆殺し運動が代表的な宗教絶滅運動です。こうしたことから見ると、中華思想とは実に（宗教的）原理主義以上に恐ろしいもの、宗教以上の宗教と言えないこともない。これは絶対的優越主義から来る唯我独尊の結果ではないでしょうか。

その点空海の「十住心教判」は排他的ではなく、他宗派に寛容にして包摂的であり、神道と同じく極めて日本的です。「十住心階梯の差別」はあっても、それは善差別であって、決して悪平等観によるものではありません。

いわゆる「教相判釈《きょうそうはんじゃく》」という比較思想、あるいはその批判は古代インドからありました。それは宗教に対してだけでなく、その他の諸哲学思想などをも比較批判の対象にしたものです。

中国で確立された華厳の五教十宗《ごきょうじっしゅう》や天台の五時八教（説法年時により五期に分けた五時と、教え導く方法の上から立てた）といった「教判」はもっともよく知られています。日本に仏教が伝えられてからも、仏教思想全体の高い位置づけのために、各宗の祖師たちによってそれぞれの教義と立場に対する教判が行われました。

空海以後の主な教判として、台密の安然の五時五教、親鸞の二隻四重、日蓮の五綱などがあります。鎌倉時代に成立した浄土諸宗のように、末法《まっぽう》の時代の最高位としての自助修行を成し難き凡夫《ぼんぷ》のための唯一の道とするものでも、大して変わりはない。とはいえ、天台や華厳の立場からすれば、真言より下に来ることを容認するはずもなかったのです。

空海の『弁顕密二教論』は横の批判、『十住心論』や『秘蔵宝鑰』は縦の批判とされています。また別の著作である『般若心経秘鍵《はんにゃしんきょうひけん》』は本来顕教に属する般若経典ですが、空海はこれに宗教的な解釈を加えて、大般若菩薩の大心真言三摩地法門であるとしました。

十住心教判は、日本仏教史における教判の中でももっとも早いもののひとつです。他宗派の教判との違いはその幅の広さである。十住心の体系には儒教、道教、バラモン教、ジヤイナ教、インドの諸哲学、ヒンドゥー教、初期仏教、部派仏教、中観・唯識両派に代表されるインド大乗仏教、天台・華厳両宗に代表される中国仏教、インド直伝の密教など、その時代のあらゆる思想や哲学、宗教を網羅しています。

平安時代以後に興起した浄土、禅宗諸派、日蓮宗、さらに江戸時代から今日に至るまでの仏教系諸宗、また神道、キリスト教、ユダヤ教、イスラム教までも、その「十住心」体系に組み込める可能性があるのです。

一見すると心のあり方を十に区切って差別しているようですが、深秘釈（密教でいう四重秘釈の一。普通一般の解釈を一歩進めて、深く本質的な意をとらえた解釈）からすればすべての住心は絶対平等の最高の住心である秘密荘厳《ひみつしょうごん》に包摂されているといえます。先立つ九住心もまた、最高住心に包摂し尽くされているのです。

現代的意義を持つ空海の「心」

日本の神話や昔話の多くが伝承として生きています。これを日本古来の神話や神道に由来すると見る学者もいるが、むしろ平安初期の空海の十住心思想（曼荼羅思想）の影響が強いと見る説もあります（加藤精一『空海入門』）。

空海の時代にはキリスト教やイスラム教もすでに誕生していたものの、日本に伝わったのは儒仏道の三教のみであったらしい。

もちろん当時、ソクラテスやプラトン、アリストテレスら古代ギリシャ思想は伝わっていなかったし、カント以後の近代ヨーロッパ哲学やフロイトの精神分析学、ユングの心理学もない。親鸞や道元らの鎌倉仏教も空海入定後四百年経ってからですから、『十住心論』はこの時代までの日本心史におけるもっとも包摂的かつ綜合的なものであったと思われます。これは日本心学の源流であるのみならず、当時の人間観、世界観にも触れるものでした。

空海の主著である『十住心論』十巻と道元の『正法眼蔵《しょうぼうげんぞう》』九五巻は、日本人による独創的な思想体系、世界的にも独特な哲学思想として古くから評価されてきました。

人間の有する宗教的な思考の知恵を開顕することによって、人間性を自主的に完成させることこそ、空海の目指す究極の理想だったのでしょう。自らの心を明らかに知るところの智恵が菩提心です。心のあり方、世界観を明らかにしてわれわれの意識の発展の相を示したもの、つまり至高絶対の智恵（菩提）に至る道程を示したのが空海の『十住心論』なのです。

空海にとって、第九住心に至るまではすべて密教以外の教えであり、観念の哲学にとどまるもの、精神のみに限定されたものでした。しかし第十住心は密教の実践の教え、生命の象徴であり、精神はもちろん言葉も肉体も含めた宗教的な全人格行為の問題だ、というのが空海の根本理念でしょう。

釈尊の教えそのものの優劣を論じているのではなく、他の宗教や宗派を否定しようとしているのでもない。それぞれの存在の価値を、宗教の眼を通してではあるが、充分に認めているのです。むしろ宗派間の争いに終止符を打って、各宗派がその特質を発揮しながら、一つの大きな調和と共生の世界を築いていく姿を願っていたと思われます。

現代の深層心理学とまったく同義でこそないものの、当時の人間が考えていた重層的な精神世界構造を確認することができるでしょう。

『十住心論』の現代的意義、それは複合文化主義、思想的・総合的普遍主義、そして多元的な価値観を容認する自由主義の性格であろう。空海が彼の時代に見た心の世界は今でも生きているということを、われわれは日本人の心史からだけでなく、今日の日本人の心を探訪するうえで、改めて確認すべきではないでしょうか。

第二節　時空を超えた道元の『正法眼蔵《しょうぼうげんぞう》』

日本人の心の問題で絶対に欠かせない仏教

「仏教即心」といわれるように、仏教は心についてよく語ります。それは心法《しんぽう》、心王《しんおう》ともいわれ、サンスクリット語のcitta（チッタ）に由来します。また質多《シッタ》とも音写されている。心への探訪は、仏教思想を貫く基本的課題であるのです。

心の探訪は心理学や哲学にとっても欠かせない課題には違いありませんが、これらはいずれも宗教ではない。また仏教に限らず、あらゆる宗教は心（ことに信仰心）に関心を寄せるものの、「仏教即心」ほどではありません。

心の構造について、仏典ではそれぞれの教説によって、実に多角的・重層的に分類されています。

たとえば『四巻楞伽《りょうが》』（巻二）には二心、『摩訶止観《まかしかん》』では三心、『禅源諸詮集都序《ぜんげんしょせんしゅうとじょ》』（巻上）と『宗鏡録《すぎょうろく》』は四心、『瑜伽師地論《ゆがしじろん》』（巻一）は五心、『大日経《だいにちきょう》』（巻一）では八心……などです。

禅宗の道元（一二〇〇～一二五三年）による『正法眼蔵』は、天台宗の智顗《ちぎ》撰による『摩訶止観』と同じ三心を説いています。この三心とは、後述するように「質多心《しったしん》」「汗栗多《かりた》心《しん》」「矣栗多心《いりたしん》」です。

一神教が神への信仰に強い関心を持つのと違い、仏教は人の心に関心を寄せ、種々の名目で分類します。心を解明することが、仏教を貫く課題になっているのです。

中でも禅宗は、心への探求に最も積極的です。文字や経典を伝授せず、じかに仏の心印を伝える宗旨であるから、「仏心教」とも称されています。だからこそ「不立文字《ふりゅうもんじ》」、「教《きょう》外別伝《げべつでん》」を標榜し、それを禅宗のシンボルとしているのでしょう。

禅は「唯心論」ではない

しかしながら、禅祖・道元は、「仏心宗」「禅宗」といった呼称を用いることも拒否していました。たとえば『正法眼蔵』には次のように書かれています。

大宋の近代、天下の庸流《ようる》、この妄称禅宗の名をききて、俗徒おほく禅宗と称し、達磨宗と称し、仏心宗と称する妄称きほひ風聞して、仏道をみだらんとす。

これは、「禅宗」は決して仏教の一宗派にとどまらず、釈尊から師資相承されてきた正しい仏法であり、仏教の全体そのものだという自負からくるものでしょう。

仏教一般では、仏になりうる可能性を「仏性《ぶっしょう》」、あるいは「如来性《にょらい》」、「覚性」といいます。だが禅門は、この仏性こそ仏そのものであり、本来のありのままの姿で表すことが修行（妙修）であると説いています。これを心性、法性、自性、自性清浄心、如来蔵、一心、心とも称している。

そして仏の悟りを「仏心印」「仏印」「心印」と呼び、修行を通じて師と資（弟子）との「仏心印」を伝授することを「以心伝心」と称するのです。

禅宗（仏心宗）は心をもって宗要とし、「以心伝心」「直指人心《じきしじんしん》、見性成仏《けんしょうじょうぶつ》」などと語ります。ゆえにマルクス主義者や唯物論者ばかりでなく、仏教学者や仏教界までが「唯心論」と呼び、これこそ仏教の真の本体観だと称する人さえいます。

たとえばインド哲学・仏教学者の木村泰賢《たいけん》氏は唯心論をもって仏教を一貫する本体論としています。また確かに華厳宗の「一心」論は唯心論的ですが、仏教としては傍流であって本流ではない。

禅学は「心学」であっても、決して唯心論ではありません。禅宗の「心」についても、人によってさまざまに理解・解釈されています。

上田大助氏の『禅の哲学』によると、禅宗は般若経を最も多く用いてはいるものの、般若の本体観は実相論であって唯心論ではありません。『金剛経』『心経』などにも唯心の思想がないことは明白です。禅でよく引用される「過去心不可得、現在心不可得、未来心不可得」「応無所住而生其心」などのいう心も人性論的であって、唯心論とは違います。

もちろん禅宗が唯心論的な法華経を用いることもあります。たとえば白隠《はくいん》は法華経を持って一心を明らかにするが、この経典には一心、あるいは唯心などの単語はひとつも存在しません。禅宗では「故万法唯心、心亦不可得」「一切諸法皆由心造」「三界唯心万法唯識」など唯心的な用語が多いが、それは真の意味での唯心論を意味するものではない、と上田氏は論証しています。

空海の『十住心論』と並ぶ道元の『正法眼蔵』

前節で詳説した空海の『十住心論』と道元の『正法眼蔵』は、最も日本的な思想として古くから語られ、認められてきました。ことに「心」についての探索は奥深く、日本の思想・哲学・仏教としてのみならず、日本そのものを知るためにも絶対欠かせない不朽の巨著です。

日本人の心を知るうえで、この二書は源流と言わずとも一大巨流であり、日本人の心、あるいはDNAにまで潜んでいるともいえるでしょう。

『十住心論』以来千二百年、『正法眼蔵』以来八百年の間、真言宗や曹洞宗の門徒だけでなく多くの人々が読み、注釈や解釈を行いました。

『正法眼蔵』は十三世紀の中葉ごろに書かれた鎌倉仏教を代表する書で、世界哲学・思想史上にも稀有な巨著として認められています。その独創性はインドや中国などの他領域を含めても、仏教史上唯一のものであろう、と道元研究家の玉城康四郎氏は語っています。

ゆえに道元や『正法眼蔵』については、西洋哲学や思想との比較、たとえばソクラテスやサルトル、聖書などと比較した論述も多く見られるのです。

なかでも良寛《りょうかん》（一七五八〜一八三一年）は「一句一言、皆珠玉」「参じ去り参じ来る、凡《およ》そ幾回ぞ」と、幾度となく読み返し、一句一行を味わっていたことが伝わってきます。

いうまでもなくこれは、禅者の「不立文字《ふりゅうもんじ》」の主張とは相容れません。道元自身も只管《しかん》打坐《たざ》、ただひたすら坐禅することが禅宗の本質本分であるとしています。それなら、『正法眼蔵』を世に問い読むことは、禅とは矛盾しないでしょうか。

しかし「読む」ことは「行ずる」ことであり、『正法眼蔵』に学ぶというより、これをどう読むかが問題でしょう。書き手と読み手、語り手と聞き手が同一の境地で本文を紐解くことこそ、究極のあり方なのです。

道元の難問

道元は法然、親鸞、日蓮と並ぶ鎌倉仏教創始者の一人です。

道元は内大臣久我通親《みちちか》を父に、太政大臣藤原基房《もとふさ》の娘伊子《いし》を母として生まれたという。父方も母方も『平家物語』『源平盛衰記《げんぺいせいすいき》』の登場人物として知られています。

三歳で父を、八歳で母を失い、一三歳の時に天台僧だった叔父の良顕《りょうけん》を訪ね、比叡山横川の千光房で教学を学ぶ。一二一四年には天台座主・公円のもとで剃髪《ていはつ》・得度《とくど》、延暦寺の戒壇《かいだん》で大乗菩薩戒を受けた。

翌年下山して「修行の必要を説くのはなぜか」という疑問を抱き、園城寺《おんじょうじ》の座主《ざす》、後に建仁寺《けんにんじ》の栄西を訪ねてその弟子となる。栄西の没後にはその高弟・明全《みょうぜん》に師事。一二二三年に明全と入宋し、天童山にのぼり、無際了派《むさいりょうは》について禅を学んだ。

道元が仏門に入ったのは、両親の「菩提に資」するため、あるいは国家社会のための学道が目的だったのでしょう。だが仏法の大綱が「本来本法性、天然自性身」というように、人間はもともと完全なる法性（仏性）を具有し、本来すでに仏であるという。道元は「すでに仏であるものがなにゆえ修行せねばならぬのか」という素朴にして単純な疑問をずっと抱き続けていましたが、入宋後も納得のいくような答えは得られませんでした。天童山で西川の僧と会って語録を読み「なにの用ぞ」と問われて「郷里に帰って人を化せん」と答えたものの、悟ったわけではなかったのです。

ついに念願の答えを得たのは、一二二五年に如浄《にょじょう》と対面してからです。ともに入宋した明全が亡くなり、如浄に見参して二年近く経ってからのことらしい。ある早暁、座禅中に眠っている僧を見つけた如浄が「坐禅とは身心脱落である。ひたすら眠るとは何ごとぞ」と一喝《いっかつ》した。道元は傍らでそれを聞いて大悟し、やがて如浄の部屋に入って「身心脱落しにきたる」と告げたところ、如浄は「身心脱落、脱落身心」と言って印可したという。

一二二七年に帰国し、建仁寺に身を寄せる。『普勧坐禅儀』を著して坐禅を大衆に説き勧めた。また天台、真言、臨済、真宗、さらに末法《まっぽう》思想や念仏などを厳しく非難しています。天台宗徒などからの圧迫を受けながら教団を拡大し、一二四四年に大仏寺を開き、四六年には永平寺と改め、法名も道元から希玄《きげん》に変える。しかし一二五三年、仏法引通の半ばにして、京の宿で生涯を閉じたのです。

道元を大悟させた「身心脱落」

「ひたすら打睡するとは何事か」という如浄の大喝によって、側で一心不乱に坐禅していた道元の全身心が震動し「言下において豁然大悟《かつぜんたいご》」したという「身心脱落」の体験が、道元思想の源泉であることは間違いありません。これは『建撕記《けんぜいき》』に記されています。

このような回心や大悟の心理的・霊的な経験は、道元に限らず洋の東西で見られるでしょう。百丈和尚《ひゃくじょう》も馬祖《ばそ》の一喝で全身心が根底から震撼《しんかん》、大悟した、と後の弟子の黄檗《おうばく》が『葛藤集《かっとうしゅう》』で伝えています。

道元が唱える求道《ぐどう》の行とは、「参禅とは身心脱落」です。行の世界の出発点はまさに「只管打坐」で、これがもっとも高度にして簡潔な方法だとされています。ですから焼香や礼拝、念仏、修懺《しゅうさん》（懺悔の法を修めて身心を清浄にすること）、看経、読経の必要はまったくありません。ただひたすら「只管打坐《しかんたざ》」に徹するのみなのです。

「道元禅即心」と言われるのは、道元の全著作が「心」に触れており、その禅の世界は「心」の世界でもあるからです。特に『正法眼蔵』全巻は心がテーマで、その真実について語っているものが十数巻もあります。

「即心是仏《そくしんぜぶつ》」は禅語に限らずよく用いられ、近代では弁証法的な論理学や哲学用語でもよく出る表現です。「即」は「若即若離」や「不即不離」などの仏教語にもよく見られる不二、不離のことで、主観即客観、客観即主観、物事の同一性や、二者が互いに表裏となっている「一蓮托生」の表現でもあります。

「即心是仏」は、即仏是心、是心是仏、是仏是心、是心即仏、心即是仏、心即仏是、是仏即心などとも称されます。

道元は「即心是仏」の巻頭でこう述べます。

> 仏々祖々、いまだまぬかれず保任しきたれるは即心是仏のみなり。しかあるを、西天には即心是仏なし、震旦にはじめてきけり。学者おほくあやまるによりて、将錯就《しょうしゃくじゅ》錯《しゃく》せず。将錯就錯せざるゆゑに、おほく外道に零落す。いはゆる即心是仏の話をききて、癡人おもはくは、衆生の慮知念覚の未発菩提心なるを、すなはち仏とすとおもへり。これはかつて正師にあはざるによりてなり。

八百年近く前の道元の文章は今でも名文の誉れが高く、現代語訳の必要はないとも言われるほどです。そのような見事な日本語によって表現されている『正法眼蔵』を、他の日本語におきかえることなどは論外という意見も少なくないでしょう。多分それは道元の言談がもつ意味論的な包括性が、他の日本語だけでは、それ以上おきかえることができないことを意味するのでしょう。

道元をめぐる緒論では「正師」に出会うことの必要性がたびたび強調されています。「不立文字」「以心伝心」を標榜《ひょうぼう》しながらも、禅書は多々ある。正師と正資に親しく出会い、師の心相と資の心相とが「証契」、つまり悟りの境涯と一致したところによって成立するのです。

道元が語る心とは、山河大地、日月星辰《にちげつせいしん》、真理の現成そのものであり、生死去来するのみです。「即心是仏」とは、発心・修行・菩提・涅槃《ねはん》の諸仏です。いわゆる諸仏とは釈迦《しゃか》牟尼仏《むにぶつ》であり、過去・現在・未来の諸仏も結局釈迦一仏に還帰するのです。だがその釈迦一仏とは、必ずしも古代の釈尊ではありません。我々の自覚ある真心、真実心がそのまま仏であり、お釈迦様なのです。

すべてが心であり、心にあらざるものはない「心不可得」

「過去心不可得《しんふかとく》、現在心不可得、未来心不可得」とは『金剛経』（金剛経般若波羅密経）、の「三世心不可得」から出たもので、仏徒でなくても日常生活でよく目にする仏教語です。

だが道元が語る「心不可得」とは単に「心得べからず」「心得べし」「不可得と名付ける心」といった意味ではありません。

時の流れから見れば、万物は無常であり、慮知心《りょち》（後述）は過去から現在へと刻々流転《るてん》して止まらない。ですから心はすぐに流れてしまうが、未来心はまだ不可知であり、得ることはできない。ですから三世の心も不可得です、ということでもない。

道元が『金剛経』の「三世心不可得」を引用したのは、次のことを述べるためです。すなわち「心不可得なり」と心得るのが諸仏であり、諸仏は常にそれを最高の知恵として保持しています。ただそのように心得てひたすら諸仏にならうのがよい。すべてが心であり、心にあらざるものなしという意味の不可得なのです。

この巻には徳山宣鑑《とくざんせんがん》と餅売老婆の話が出てきます。徳山は『金剛経』に精通しており、周金剛王と自称した。南方で禅が盛んであるとたまたま聞いて、論破するために多くの証疏を背負って龍潭崇信《りゅうたんそうしん》の道場に赴く。

途中一服していると、餅売りの老婆がやってきたので買おうとする。すると老婆は「和尚は餅を買って、過去心・現在心・未来心のどの心で食べるのか」とたずねた。呆然として答えられない徳山を残し、老婆は袖を打ち払って立ち去った。徳山はその後龍潭に参禅して大悟したという。

ここで道元が言いたいのは、読経より正師に出会って師承《ししょう》するのが大切だということでしょう。

発心は自分だけのものではない「発無上心」

『正法眼蔵』には「発無上心《ほつむじょうしん》」巻があるが、巻題だけで本文中にこの語はありません。内容的には次の巻の「発菩提心」を論じているとされるが、いささか趣を異にするようにも思われます。

道元が語るのは西国の高祖（釈迦牟尼仏）は、霊山（ヒマーラヤ）をもって大涅槃にたとえます。また中国の初祖は「心は木石《ぼくせき》のごとし」という。

心とは心のあるがままの姿、大地いっぱいの心を指します。ゆえに自己の心、他人の心でもあるわけです。世界中の人、あるいはあらゆる世界の仏祖の心も、みな木石にほかならないというのです。

ここでいう木石とは当然ながら、有、無、空、色（物体）などのありようにとらわれない。その木石なる心をもって人は発心・修行し、また証得《しょうとく》する。仏道など、それより以前には決して存在しない。

道元はまた大証国師の「牆壁瓦礫《しょうへきがりゃく》、これが古仏心である」を引用します。「牆壁瓦礫」とは垣根、壁、瓦、小石などのあらゆるものを指す。「古仏心」とは遠い昔をいうのではなく、古仏の心、宇宙の真理なのです。

「発菩提心の因縁《いんねん》」については、いかに菩提心を発することを得るかについて説いていく。

菩提心を発する因縁は外から持ってくるのではない。ただ菩提心をもって発心するのです。菩提心をもたらすというのは、一茎の草をとって仏となし、他（ひと）にすすめられてほんの小さな善を行うことです。今ここで日常生活をしている人が、ふと坐りはじめて仏となる。それが発心というものです。

悪魔に騙されて仏を礼拝することも、仏像を作り寺塔を建てることも、経を読み仏を念ずることも、師をたずねて道を問うのも、すべてが必ず発心の因縁となる。さらに、夢の中で発心した者が道を得ることもあるし、酔いの中で発心する者、桃花や翠竹《すいちく》を見て得道《とくどう》する者もいる。

道元によれば、一つの発心は決して自分だけのものではなく、幾千億の発心なのだ、ということです。仏であれ衆生であれその心を発《おこ》した時、はじめて仏性が芽生えてくる。かくてその身心をめぐらし、誠をこめて修行すれば、ついに道を得ることができる、とします。

最後に道元は『華厳経』のよく知られる一節をあげます。

菩薩が生死のなかにありてはじめて発心する時には、ひたむきに悟りを求めて、その心かたくして動かすべからず。その一念の功徳は、深くかつて広くしてはしもあらず、如来のこと分けての説明も、窮劫に説きつくすこと能はず。

生死を取り上げて発心すること、それがただひたむきに悟りを求めることになるのです。そのとき、その一念は一本の草や木と同じものになっているはずです。この一念の深さや広さ、功徳は果てしない。海が涸《か》れても底は残るように、人は死んでもなお心が残る。ならば深山に入って仏の道を思惟することは容易であり、塔や仏像を作ることははなはだ難しい。かくのごとく発菩提心が積もり積もって、仏祖が実現するのです。

心に三つの種別がある「発菩提心」

「発無上心」「発菩提心」、二巻とも道元が寛元二年（一二四四）二月十四日、越前《えちぜん》吉田県吉峰精舎で示されたものです。だがこの二巻はいずれも「発菩提心」を論旨とするもので、先にも述べたように、題目に掲げている「発無上心」は本文中には一語たりとも出ていません。

講談社学術文庫版『正法眼蔵』訳注者の増谷文雄氏の推考によれば、一回目の示衆「発無上心」と題する巻は在家の人々、「発菩提心」の巻は出家者を対象として説いたのではないかとされています。

「発無上心」の巻は、発菩提心のすばらしさを称えて発心することをすすめ、ことに「造心造塔」と発菩提心との因縁を強調しています。それに対して「発菩提心」の巻は、菩提心の退転についての警告を説いているのです。

道元は「発菩提心」について、心に三つの種別があるとします。

一、質多心《しった》（慮知心《りょち》）
二、汗栗多《かりた》〔駄〕心（草木心）
三、牟栗多《いりた》〔駄〕心（積聚精要心《しゃくじゅしょうよう》）

道元によれば、菩提心を発《おこ》すには必ず質多心を用いると言います。これは自分がまだ生死の苦海を渡りきらない先にまず一切の衆生を渡そうとの願を発し、その実現につとめることです。もしこの心をおこせば、その人はすでに一切衆生の導師であるとします。

この心はもともとあるというものではなく、今新たにおこるものでもない。また一つでも複数でもない。自然のものや急造されるものでもない。人の本性でもなければ、原因なくして生ずるものでもない。ふと心がなにものかに感じ、感応道交《かんのうどうこう》して発心するものです。

この菩提心をおこしても、数限りない劫《ごう》にわたって修行しながら仏になる者も、一向にならない者もいます。自ら度《ど》せずしてまず他人を度せんとする心を発すこと、この「発菩提心」は、最高無上なる仏の智恵と変わりない。

もし刹那《せつな》でも菩提心をおこすならば、すべてのものはそれをいや増す機縁《きえん》となる。そもそも発心や得道というものも、みな刹那刹那に生じてまた滅するものです。我らを構成する物質と精神の諸要素は絶えず生死を繰り返すが、仏法を知らずまた信じない者は、この刹那生滅の道理を信じないのです。ですから道元は生死流転するこの身心をもって、すみやかに菩提心をおこすのがよいと説くのです。

道元によれば、菩薩《ぼさつ》が唯一守護するのは菩提心のみです。菩薩でさえ初心のころ菩提心を失うというのは、たいていは正師に会わないためであるらしい。正師の存在がなければ正法を聞くことができない。ですから因果がわからなくなり、解脱《げだつ》や三宝（仏・法・僧のこと）、また過去・現在・未来などもろもろの存在もわからなくなってしまうのです。

道元は最後に『大智度論』の四つの悪魔、つまり煩悩《ぼんのう》魔、五衆魔、死魔、天子魔の何たるかについて語ります。そしていたずらに悪魔のたぶらかしを蒙《こうむ》って、菩提心を退転せしめてはならないと説いているのです。

仏道は心をもって学び、身をもって学ぶ

増谷氏によれば、「道心」の巻について書かれた年代は考証できないが、それほど早い頃の作ではないと言います。行文や内容からして、出家や在家の弟子たちに書かれたもの

ではないとされています。その論旨は簡明です。

道元によると、仏道を求むるにはまず道心を先とすべきである。だがそのありようを知っている者は稀だという。そのありようについては次の四項があげられています。


自己の考え方を先とせず、仏の説かせたまう法を先とすること。

仏法僧の三宝をうやまうこと、ことに三帰依を絶えず称えること。

仏や経を作ってそれを礼拝し、供養すること。

絶えず袈裟をかけて坐禅すること。


「身心学道」の巻は仁治《にんち》三年（一二四二）秋、重陽《ちょうよう》の節句の折に興聖寺で書かれ、衆に示されました。

「身心学道」とは心を学ぶこと、また身を学ぶことだという。道元のいう「身心学道」には心学道と身学道の二つがあり、二部に分けて説かれています。心学道については「山河大地、日月星辰これ心なり」、身学道については「尽十方界是箇真実人体」と「生死去来真実人体」がそれぞれ主たる論旨とされています。

仏道は修行し学ばなければ得られない。学ばなければ外道や極悪なものの道に堕《お》ちるでしょう。求道の心は仏祖の後にならうのがよい。それが菩提心をおこすというものであり、赤心や古仏心、またはいわゆる平常心、三界一心というものです。

身学道とは身＝肉体をもって仏道を学ぶことです。十方世界（東西南北・北西・南西・北東・南東・上下）のことごとくが一箇の真実の人体であり、生死去来のすがたこそまことの人間のありようだという。その身体をもってしてよく十悪を離れ、八戒をたもち、仏法僧の三宝に帰依し、あるいは出家する。それがまことの学道だと道元は唱えます。ですからそのすがたをもって真実の人体というのです。ここでは、身をもって仏道を学ぶとはいかなることなのかについて力説されています。

仏道を学ぶのには二つある。世にいわれる心をもって学び、身をもって学ぶという二つです。

心をもって学ぶということは、あらゆるもろもろの心をもって学ぶのです。その諸の心とは、質多《しった》心、汗栗多《かりた》心、矣栗多《いりた》心。そして発菩提心、古仏心、平常心、三界一心といわれます、その心を学ぶことだと道元はいいます。

身学道とは身で学道することです。赤肉団《しゃくにくだん》（身全体での）学道です。尽十方界（どこまでいっても）、生死去来ということも真実の人体です。「人は本来仏ですから、修行しないでも仏になる」というような考えをもってはならないと道元はいうのです。

平安仏教から鎌倉仏教に至るまで、日本は独自の仏教国家として成熟していきました。だが大陸中国では三武一宗《さんぶいっそう》の破仏によって仏教が衰退、代わりに道教と儒教が台頭していく。仏教固有の「心」を離れて宗教心が薄くなり、「権」と「銭」にしか目のない民族に成り変わっていったのです。

日本人が果たして強い宗教心を持っているのかについては検証を待たなければならないでしょう。しかし奈良・平安時代から中世、近代、現代に至るまで、多神教としての神道や仏教が、日本人の文化的・精神的なコアとして主流となってきたのは疑問の余地がありません。

求道者や得道者、また諸宗の門徒衆でなくても、仏教なしに日本人の心を語ることはできない。ましてや『正法眼蔵』を読まずに日本人の心を知ることができましょうか。

第四章

日本人も知らない不思議な日本の心

第一節　「もののあはれ」と「無常」

「もののあはれ」を理解できないのは外国人だけではない

日本を知り、日本人について知るには、まず日本文化を知らなければなりません。しかし文化というものは、その人間集団や民族に特有のもので、日常生活のすべてが文化です。それが文化生活であり、生活文化であり、是・非・善・悪・美・醜に関係なくすべてが「文化」と言えるのです。

文化を知る、と一言で言っても、知ることは決して容易ではありません。知る範囲や深浅の度合いにもよるが、文化圏の異なる人間が異文化を理解しようとするとなれば、なおさらでしょう。

たとえば中国人・韓国人が日本の「靖国」や日本人の「大和魂」を知ることが、「不可能」とまで言えなくても難しいのは確かです。それと同じように、日本人が「中華思想」を知るのは、それが「大中華」であれ「小中華」であれ容易でないのも明らかなのです。

「面子《メンツ》」の問題一つとってもそうです。中国の代表的文化人である林語堂《りんごどう》が「メンツと名誉心の相異」についてわかりやすく解説しても、西洋人に限らず東洋人でもなかなか解せないところが多いのです。

　日本人や日本文化についても、西洋人はよくそのポイントを捉えており、ことにそのユニークさについては論じられることが多いが、専門家でも限界がしばしば露呈しています。アメリカの文化人類学者ルース・ベネディクトの『菊と刀』で日本の「恥の文化」が取り上げられてから、半世紀以上にもわたって反論に継ぐ反論が提示されてきたのも、その証左でしょう。

「ユニークな日本文化」と呼ばれる代表的なものの中でもことに難しいのは「もののあはれ」です。西洋の日本学研究者の論述を読むと深みの足りなさが痛感されます。

「もののあはれ」あるいは「あはれ」とは何なのかについて、すでに江戸時代の本居宣長を初めとして数々の研究がなされていますが、もっぱら古典文学や美意識に関する分析です。私はここ五〇年来、現代日本人の心情における具体的な「もののあはれ」を探し続けているものの、納得できるまで教えてくれる人はじつに稀有です。たいていの日本人はそれを何となく知ってはいるものの、なかなか口で表せないようなところがあるのでしょう。

　かつて「日本論」の著書もある学者に、現代人の心の「もののあはれ」の具体例についてとことんまで教えを乞うたものの、相手は答えに窮していました。

民話「うぐいすの里」の「あはれ」

「もののあはれ」を感じさせる代表的な民話「うぐいすの里」を紹介しましょう。

昔ある山に一人の若いきこりが住んでいた。

ある時きこりが山へ行くと、見たこともない立派な屋敷が建っている。いぶかりながら近づくと、中から美しい女が出てきて「何をしに来たのか」と聞く。「天気がいいのでつい浮かれてきてしまった」と答えると、女はきこりの正直そうな様子に安心したらしく「町に行こうと思っていたところなので留守を頼みたい。ただし隣の座敷だけはのぞかないでほしい」という。二つ返事で引き受けたきこりだったが女が出かけた後やはり気になってならず、ついに襖《ふすま》を開ける。

そこでは三人のきれいな娘が掃除をしていたが、きこりの姿を見るやたちまち姿を消してしまう。

その座敷の奥にも襖があった。開けてみたがそこには誰もおらず、唐絵の金屏風が飾られた部屋で茶釜の湯が沸いているばかりだ。

三番目の座敷には弓矢や具足が飾られていた。四番目の座敷はうまやで、豪華な馬具を着けた青毛の駒が足掻きしている。五番目の座敷には朱膳朱椀や南京皿が並び、六番目の座敷には黄金の柄杓《ひしゃく》を立てた白金の桶があり、酒が甕《かめ》に滴り落ちている。香りにつられて一口飲んだきこりはたちまち酔っ払ってしまった。

ほろ酔いのきこりが七番目の襖を開けると、そこは花の香りに満ちた青い広い部屋だった。真ん中に卵が三つ入った小鳥の巣がある。きこりはそれを手に取ったが、うっかり落として割ってしまった。すると割れた卵から小鳥が孵《かえ》って「ほーほけきょ」と一声啼いてどこかに飛び去った。二つ目、三つ目も同じく、きこりが落として割れた卵から小鳥が孵って飛んでいってしまう。

そこに先ほどの女が帰ってきて「やはり人間はあてにならない。あなたは約束を破っただけでなく私の三人の娘を殺してしまった」とさめざめ涙を流して言うと、自分も「ほーほけきょ」と啼《な》いて飛び去った。気がつけば屋敷は消えうせ、きこりは萱《かや》の野原にぼんやり立っていた、という。

日本のどの地方にも一つや二つはこの「うぐいすの里」の類の昔話があります。内容や展開は若干違っても、だいたい大同小異です。

「見るな」と約束しながらも、好奇心あるいは懐疑心に負けてしまう。そして一時的な邂逅から生まれた夢は一瞬にして消えてしまった。西洋では蛇にそそのかされて禁断の果実を食べたアダムとイブはエデンの園から追放されますが、日本では禁を破った男性の行為をとがめることなく、女が黙って身を引きます。

心理学者である河合隼雄氏の著書『昔話と日本人の心』に次のように分析しています。

「西洋の物語は、それ自身がひとつの完結された形を持ち、その完結性がわれわれの心を打つ。これに対して、わが国の物語は、むしろそれ自身としては完結していないように見えながら、その話によって聞き手が感じる感情を考慮することによってはじめて、ひとつの完成をみるものとなっている。つまり、日本人であるかぎり、黙って消え去ってゆく女性像に対して感じる『あはれ』の感情を抜きにして、この話の全体を論じることはできないのである」

「うぐいすの里」は、男性が禁を破って女性が消え去っていき、そこで話が突然終わる。河合氏によれば、この「完結にいたる寸前における、プロセスの突然の停止によって引き起こされる美的感情」が読者の「あはれ」の感情を引き起こすのだといいます。

それまでの甘い夢のような現実、あるいは幸福の絶頂が、タブーを破っただけで不意に消えてしまう。それを「あはれ」「もののあはれ」とする心情は理解しやすい。少なくとも次に見る『源氏物語』のような古典文学よりも、このほうが老若男女に「もののあはれ」を理解させやすいことは確かでしょう。

しかし「うぐいすの里」に見られる男の心情、または聞き手が感受する心情だけが「もののあはれ」なのではありません。日本人の意識として、それ以上にもっと意味深く、広い意味論的な語彙（vocabulary）を持つに違いないと私は理解し、かつ類推しています。

もののあはれを語る世界最古の大河小説『源氏物語』

「もののあはれ」を最初に語った文学作品が『源氏物語』というわけではありません。しかし「もののあはれ」を知る上でもっとも研究され、論議されているのはやはり『源氏物語』です。

周知のように、『源氏物語』は西暦一〇〇〇年ごろに成立したとみられる世界最古の物語文学です。日本文化や日本人の心の原点として昔から読まれ、今でも日本研究の最大の対象の一つとなっています。

この物語は平安貴族の人間像、ことに光源氏の恋愛遍歴を描いていますが、そこに描かれているすべてのものは栄枯盛衰を繰り返す。それはやがて訪れる時代の移り変わり、「栄華からの没落」を予感、もしくは予知させるものでもあった。だからこそそこに流れ漂う「もののあはれ」の宿命観はよりいっそう強く、読む者に迫ってくるのです。

それだけではありません、ここには人生の情愛もあれば、調和もあるのです。

ギリシャ悲劇の物語にみられる運命や神、自然との闘いというべきものは『源氏物語』にはない。ただひとつの運命の悲劇によって構成される物語なのです。

光源氏の罪悪感も「もののあはれ」に包み込まれてしまう。自分の犯した罪業を自己責任として負っていくのではなく、すべてが「もののあはれ」、あるいは「運命」「宿世」として捉えられていく。「もののあはれ」は運命への哀怨として、悲しく美しく流れていく哀愁美の世界に溶け込んでいくのです。

『源氏物語』についての語義的・意味論的研究といえば、江戸時代の国学の開祖・本居宣《もとおりのり》長《なが》です。宣長によれば、「あはれ」とは漢字の「嗚呼」と似ていて、「ああ」「はれ」が結びついて生じた言葉と解釈されています（『源氏物語玉の小櫛《おぐし》』巻二）。それは「見るものきく物ふるる事に、心の感じて出る、嘆息の声」だという。

漢文の古典には「嗚呼！　哀哉」という文がよく出てきます。主に感嘆詞として用いられていますが、これは現世の堕落に対する悲嘆として日常的に使われても決して違和感はないと考えられます。

「すべて何事にまれ、あはれと感ぜらるさまを名づけて、あはれといふ物にしていへる」と位置づけられている。ここで宣長の言う「あはれ」は感動詞、また名詞としても使われる言葉です。

つまり「ああはれ」と感じられる心情を「あはれ」と言うのです。そして「あはれを知る」とは、相手に対してどのように感じるかを本当に知っていて、その上で「ああはれ」と感ずることだと説かれています。

宣長によれば、後世「あはれ」「ああはれ」に「哀」の字があてられているのは決して正確ではないと言います。「何事にまれ」「ああはれ」と思われることが「あはれ」であり、「ただかなしき事うきこと、恋しきことなど、すべて心に思ふにかなはぬすぢには、感ずることこよなく深きわざなるが故に、しか深き方をとりわきても、あはれといへるなり」と言う。また俗に悲哀をのみいうのも「その心ばへ」だとして、その感動の深さに「あはれ」の意味を求めています。

「もののあはれ」の「もの（物）」は、「言《イフ》を物いふ、語るを物語、又物まうで・物見・物いみ、などいふたぐひの物」であって、「物」の総称として「ひろくいふときに、添ることば」だと説明されている。ここでの「もの」とは、世の森羅万象の「物事」を指しているのでしょう。

「あはれ」が感動の表現であることを加味すれば、「もののあはれ」の「もの」は単なる物の総称にとどまらず､心を動かすはずの何物かを含んでいることになります。つまり｢物のあはれ」は事物に対する感動の心ということです。

これが宣長の「もののあはれ」論であり、『源氏物語』論なのです。宣長は「物語は物のあはれを見せたる文なり」とまで語り、「もののあはれ」の本質を知ることはそのまま『源氏物語』を知ることにつながると考えているのです。

儒仏との対抗だった宣長のもののあはれ論

宣長は歌の発生論から「もののあはれ」を論じています。そして、それを三つの段階に分けています。

「もののあはれを知る」からこそ感情、すなわち「心」も生じる。そしてそこから歌が生まれる。人はさまざまな事柄に接して生きている。そこから「心に思う」ことが生まれ、それを「言葉」にする行為も生まれる。つまり「もののあはれを知る」ことから歌が生まれると宣長は説いているわけです。

彼は西行の歌や『伊勢物語』『蜻蛉《かげろう》日記』から引いた「心」の用例を解説しつつ、「されば物のあはれを知るを心ある人といひ、知らぬを心なき人といふなり」と説く。宣長によれば、歌の道は「誠の道」であり、決して儒学者が言うような「戒めの道」から出るものではない。歌というのは「情」から出るものであって、儒仏の教えで論じられているような政道教誡《きょうかい》・正邪善悪といった世直しの「誡」から出るものではない、と考えているのでしょう。道徳的善悪を問題にする儒教的な「勧善懲悪」ではなく、物事に感動し、「もののあはれを知る」人の心情から歌は生まれると言います。

儒学思想は基本的に倫理、道徳、忠義や礼節を重んじ、人間の自然な感情や欲望を制御することを目的とします。つまり人工的な秩序を構築するための合理性が強いのです。これが封建社会の確立・維持に有効であることは言うまでもありません。幕府によって盛んに推奨されたのもそのためでしょう。

また仏教、ことに浄土宗は基本的に現世を穢土として嫌悪し、浄土を希求します。その中において人間の愛欲や感傷は罪として否定されました。

このような風潮に、宣長は真っ向から異を唱えたのです。形式ばかりを重視する儒仏の道徳理念に対抗し、あるがまま、ありのままの感情の表出をよしとしました。彼が『源氏物語』や和歌を重視したのも、そこに人間本来の感情を見たからです。

儒学のいう人間本来の心、もしくはあるべき心とは動くべきものではなく、逆に「不動心」である。情や欲に動かされないよう、不動の心を確立しなければならない。

それに対し、「はかなく女々しき女童べ」のように揺れ動く心情こそ真心であると、宣長は言います。「不動心」など「いつはりかざり」である、と。

彼の唱える「もののあはれ」の原点は『古事記』です。イザナギ（伊邪那岐）とイザナミ（伊邪那美）二神の別離に見られた伊邪那岐の「小児のごとくに泣き悲しみこがれ」る姿が「もののあはれ」の原点としているのです。

「無常観」から生まれたもののあはれ

この「もののあはれ」の感情と深く関係するのが、仏教の「無常観」です「厭離穢土、欣求浄土」の言葉に集約された無常観は、平安末期以後に文人から民衆へと広がり、定着していきました。こうして生まれたのが、無常観と厭世の情緒的意識でした。これが「もののあはれ」の新たな土台となり、その心情や美意識がさらに熟成していったわけです。

宣長によれば、そもそも「もののあはれ」は人の根源的な感情であって、すなわち「現世的」です。一方の仏教思想は「来世的」「彼岸的」なものであり、本来であれば「もののあはれ」とは相容れないはずです。

しかし、同時に無常観は強く厳しい「諦観」を生み、それは人間的な哀しみをいっそう深化させます。この無常観、世のはかなさへの哀しみがあるからこそ、いっそう「もののあはれ」が強く感じられるのでしょう。このような観点から、「もののあはれ」を「永遠への思慕」と説いたのが和辻哲郎氏です。

それに対し、小守郁子《こもりいくこ》氏は、「もののあはれ」を「無常なるものへの愛惜《あいせき》」であると唱えました（『源氏物語における史記と白氏文集：付「もののあはれ」論』）。それは刻々と過ぎ去っていく「今」への執着であり、すでに過ぎ去ったものへの追慕である。人間は誰しも不変を求め、永遠の命を欲する。だが現実の世は有限であり、だからこそいっそう生への執着を深めるのだ。現世の無常を知ってこそ愛執が強められる。いや無常と知りつつ愛惜せざるを得ないのだ、と。

ところで、「無常観」あるいは「無常感」とは、単なるイデオロギー、また中世の貴族や文化人などに特有のものではなく、われわれ現代人にとってもきわめて一般的なものであるはずです。

しかも現代社会のような「不安の時代」、「不確定性」の昂進する時代であってはなおさら強いはずです。ところが不思議なことに「無常感」を感じません。無常感に限らず、「もののあはれ」にしてもそうです。

ひょっとすると、日本人の心を代表するこれらの精神は、不確定性の昂進とともに強くなるのではなく、むしろ雲散霧消していくのではないか。もちろん、私などがそうたやすく断言できるものではありませんが。

いずれにしろ、このような日本人の心の変化を知るには、精神史や心の歴史からたどらなければならないのでしょう。

では次に、古人の無常観を見ていきたいと思います。

諸行無常の思想に覆われた『平家物語』

無常について書かれた代表作は、兼好法師《けんこうほうし》の『徒然草《つれづれぐさ》』、鴨長明《かものちょうめい》の『方丈記《ほうじょうき》』、また『平家物語』でしょう。むろん、漂泊の詩人にして勧請聖《かんじょうひじり》であった西行の歌も忘れてはなりません。次の『平家物語』は、冒頭の一文など知らない人はいないくらいでしょう。

　祇園精舎の鐘の声、諸行無常の響あり。沙羅双樹の花の色、盛者必衰のことはりをあらはす。おごれる人も久しからず、ただ春の夜の夢のごとし。たけき者もつひにはほろびぬ、ひとへに風のまへの塵に同じ。

この時代、すなわち平安末期から鎌倉初期にかけては、日本仏教が最も変貌を遂《と》げた時代です。『平家物語』はまさにその過渡期に生まれており、当時流行した「末世思想」からくる無常観や浄土観が随所に織り込まれています。また「老荘思想」も入ってきており、仏教とともに時代の思潮となりました。

と同時に、日本史上稀に見る戦乱の時代でもありました。保元《ほうげん》の乱・平治《へいじ》の乱、平氏の台頭と没落を通して、朝廷の公家勢力が衰えるとともに、武士が政治や権力の中枢を占めるようになる。中でも平清盛は武士としてはじめて朝廷の最高位を得て、武家政治の先駆となりました。

一方、仏教界は僧兵を従えて政治に介入し、権力闘争の中で腐敗していく。その中で源氏と平氏は熾烈《しれつ》な争いを繰り返した。地震や旱魃《かんばつ》などの天変地異も重なり、無常感はいっそう人々の中に嘆きを伴って浸透していったのです。

争乱の中で平氏は仏教勢力とも対立し、園城寺《おんじょうじ》や興福寺、東大寺の伽藍を燃やしてしまいます。この炎上事件を描いた「奈良炎上」（巻第五）は物語前半のクライマックスです。

平氏一門は仏教に深く帰依《きえ》する都の人々を敵に回すことになった。またその所業は一門の人々に、仏法破壊に対する因果応報への恐れをもたらし、行く末に計り知れない不安を引き起こしたのでした。実際この焼討事件の直後、清盛は原因不明の高熱に侵され、命を落とすのです。

この焼討を招いたのは清盛の子、重衡《しげひら》でした。多くの武将たちが一ノ谷の合戦で命を落とす中、重衡一人は生け捕りにされ、南都（奈良）の僧兵たちに引き渡され、処刑されたのです。

『平家物語』の根底にはこのような世の無常、因果応報のありようがあります。強い仏教思想のもとに生まれた文学といえるでしょう。

栄えよりも滅びが日本人の心をとらえる『方丈記』

ゆく河の流れは絶えずして、しかももとの水にあらず。よどみに浮かぶうたかたは、かつ消えかつ結びて、久しくとどまりたるためしなし。世中にある人と栖《すみか》と、またかくのごとし。……不知《しらず》、生まれ死ぬ人、いづかたより来りて、いづかたへか去る。又不知、仮の宿り、誰《た》が為にか心を悩まし、何によりてか目を喜ばしむる。その主とすみかと、無常を争ふさま、いはば朝顔の露に異ならず。或は露落ちて花残れり。残るといへども、朝日に枯れぬ。或は花しぼみて露なほ消えず。消えずといへども夕《ゆうべ》を待つ事なし。

鴨長明の『方丈記』は、『平家物語』と同じく劈頭《へきとう》から世の無常を語ります。『方丈記』は「生住異滅、集合離散」の相を美文調でつづった、あはれと無常の文学です。『平家物語』と同様、無常感を語る作品として最も代表的なものであり、世の「栄枯盛衰」

と人の「愛別離苦」を語っています。このような作品が感動を呼ぶのは、栄えよりも滅びの方がむしろ日本人の心をとらえるからでしょう。

そこに見られる主題は「あらゆる事物が無常に従属している。誰一人としてその事実から逃れることができない」というものです。中国式あるいは儒教的な「勝てば官軍、負ければ賊軍」といった観念はない。一方的な「勧善懲悪」もなければ、「美辞麗句」や「大言壮語」もありません。

無常というリアリズムのもとでは、勝者は勝者ではなく、敗者もまた敗者で終わらない。人間のすべての営みが粉飾のない「無私」な眼差しでたんたんと冷静に見据えられているのです。

無常観を持つことは、「万物流転」「有為転変は世の常」であると知ることなのです。無常を知ってこそ、この世の移り変わりについて、そのはかなさを嘆いたり絶望したり、また悲観したりするのではなく、積極的に生きることができるのではないでしょうか。このような古典が現代まで読み継がれてきたのは、「滅び」の意識に裏付けられた悟りの深さが、人々の感動を呼ぶからでしょう。

もののあはれと無常観に支えられた日本人の「感受性」

人間は誰でも永遠でありたいと願う。しかし現実は無常であり、命あるものはいつかなくなる。花も散るし人も死ぬ。無常であるというのは人間の願望と真っ向から対立することであり、それゆえに無常は哀切な思い、悲しみとして迫ってくる。これが芸術表現や創作の契機となったのです。

もちろん時代によって、無常感には強弱や内容の変化が見られます。とはいえ日本文学史の底に無常思想が常に流れていることは変わっていません。

じつは『万葉集』にはすでに無常感を漂わせた歌が出てきています。ここでいう「無常感」とは小林智昭氏が『無常感の文学』のなかで言うように、「世界観というには余りにも情緒的であり、詠嘆的な傾向が強い」歌をさします。

常ならぬ人国山の秋津野のかきつばたをし夢に見しかも（巻七）

「人」の枕詞として「常ならぬ」が用いられており、この時代にはすでに無常感が当時の人の中に浸透していたことをうかがわせます。

平安時代になると日本人の無常感はさらに色濃くなる。伝奇的な『竹取物語』、歌物語である『大和物語』の頃になると無常はだんだん文学の主流となっていき、『源氏物語』に至って集大成となります。

『源氏物語』の基調となるのは「もののあはれ」だともいわれますが、描かれているのは人生のはかなさであり、平安貴族の宿世観や無常感です。そこには全篇を通して往生思想や因果応報の考え方が表れているのです。

中世に入ってからは「無常観」「無常感」の仏教的色彩が強くなり、日本人の心情や人生観、世界観を代表する日本的な言葉となりました。

無常観・無常感は「もののあはれ」とともに日本人の感性を代表する心情ですが、「無常」は生理的にも論理的にも、「あはれ」以上に日本人の心の奥底に定着し、今でも生きているのです。

第二節　日本美の結晶「わび」「さび」

「懐メロ」が教えてくれた「わび」と「さび」

私は台湾の最後の日本語世代として戦後を迎えました。日本人が台湾を去って中国人が入ってくると、時代だけでなく社会や文化も変わってしまいました。

何しろ統計を見る限り当時の日本語普及率は七〇％くらいだし、多民族・多言語社会の台湾では日本語が各エスニック・グループの共通語でした。だから急に北京語教育が始まっても、小学校高学年の生徒は日本語で会話する者が多かったのです。

だがやがて蒋介石・蒋経国《しょうけいこく》親子による統治の時代に入ると、学校で台湾語や日本語を口にしただけで体罰や罰金を科されるようになりました。さらに日本色を一掃するために、日本語禁止、日本書籍焼却、日本映画の断続的禁映、日本歌禁唱が行われました。私の高校時代にも、蒋経国が三百余曲の歌曲禁唱リストを発表しています。

当時の台湾の流行歌のほとんどは、日本の歌曲の歌詞だけを台湾語に直した替え歌でした。いわゆる「国語歌曲（北京語歌曲）」は、誰からも忌み嫌われていました。

そんな時代だから、歌曲をめぐるトラブルも絶えません。たとえば人気反体制議員の郭国基（明治大学出身）は選挙のたびに軍艦マーチを鳴らして行進していた。講演会場には立錐《りっすい》の余地もないほど聴衆がひしめくが、そこに警察から「日本歌を鳴らすのは違法だ」と警告が入る。郭氏が「あれはドイツの歌曲だ、もっと勉強しろ」と逆襲、群衆が快哉を叫ぶ。

誤解から来るトラブルも少なくありません。ある国民代表（日本の国会議員に相当）が酒場で、隣席で歌っている青年にいきなりビンタを食わせ、大乱闘になった。店の通報で駆けつけた警官に国民代表が身分を明かし「あの連中が日本歌を歌っているのに、なぜしっかり取り締まらない」と大声で怒鳴った。取り調べた結果、青年たちは韓国人留学生で、歌っていたのは韓国民謡「アリラン」だったことが判明した。問題の国民代表は、日本語と韓国語を区別できなかったのです。こんな滑稽極まりないトラブルが実に多かったのです。

あの時代は、たいていの家が密かに日本の「懐メロ」をレコードで聞いたり歌ったりしていました。テレビのない当時、寂しさやわびしさを癒す唯一の支えが懐メロでした。懐メロにも寂しさやわびしさを歌ったものが多く、あの時代なりの心情を伝えていたのです。

それが日本の「わび」「さび」への好奇心を持つきっかけともなったのです。

すべて真逆な中国と日本の美意識

「もののあはれ」同様「わび」「さび」は日本人独特の文化や心情と言われるものの、すべての日本人がそれを備え、また理解しているわけではないでしょう。

たとえば現在「わび」を代表するのはわび茶です。わび茶の場は、豊臣秀吉の「黄金の茶室」ではなく、虚飾をすべて剝《は》ぎ取った極小空間を志向します。

このような志向は日本人の「縮み思考」とも論じられてきました。もちろん日本のすべてが縮小志向というわけではありませんが、対極的なのは中国の極大志向です。いわゆる「大きいことは好いことだ」というだけではなく、大きいことは「美」でもあるのです。漢字の「美」の字源は「羊＋大」であり、「大は美なり」にもつながります。万里の長城や宮殿などが典型で、現代でも「堂々たる大中国人」を誇りとする一方で「小日本」と蔑《さげす》むのもその好例でしょう。

古代から仁義道徳を語り続ける中国ですが、もっとも欠けているのが「美」なのです。中華文明には「善悪」にしか関心がない。一方日本人は、「善悪」よりむしろ「ケガレ」を忌避する。だから日本において、「美」は善悪を超える価値を持つといえるでしょう。

私は茶道の本をよく読み、四国高松の栗林《りつりん》公園や、熊本の成趣園《じょうじゅえん》の「古今伝授の間」に縁あって数回陪坐《ばいざ》したこともありますが、わび茶に入門はしていない。甘い和菓子は好きですが。邪道でしょうか。

母は敬虔なクリスチャンで、私はよく教会へ「強制連行」されました。私が長期にわたって仏教哲学に凝っていたのはそのせいかもしれません。だがいくら勧められても、禅の修行にだけはついていけない。

そのためか、いくら日本の心を探っても「わび」「さび」だけはなかなか近づけない。日本人ではないからか、とも思うときがあります。

しかし善か悪かにしか興味がない中華文明にも、美学を知ることはできないでしょう。「わび」「さび」の目や心、情は「美」からくるものであり、「美」を至高の価値とする風土以外ではなかなか生まれてこないのではないでしょうか。

「巨大」志向の秀吉と「極小」志向の利休

秀吉は大掛かりなもの・派手なものを好んだ人物として知られています。壁や天井、柱がすべて金張りだったという「黄金の茶室」、瓦にも金箔を飾った聚楽第《じゅらくだい》、千三百人を招いて行われた「醍醐《だいご》の花見」など、絢爛《けんらん》豪華さで人の耳目を驚かせた話には事欠きません。

もちろん本人も派手好きだったのでしょうが、一代の天下人として、自分の権力や財力をことさらアピールする狙いもあったに違いない。

この「黄金の茶室」の設計に当たったのが千利休です。しかし利休は秀吉と違い、徹底して無駄や虚飾を省くことによって、わび茶を完成させました。

もともと村田珠光《じゅこう》、武野紹鷗《じょうおう》といった先人たちによって、豪華な唐間ではなく四畳半の和室で茶を立てる流派は存在していました。そして紹鷗の弟子であった利休は、四畳半より狭い二畳、一畳半という草庵茶室を作り、小さな空間をさらに小さく絞り込んでいったのです。

虚飾を省いたからといって内容が貧困になるのではない。むしろ逆です。禅の公案に「芥子粒《けしつぶ》に須弥山《しゅみせん》を入れる」というものがあるように、極小の空間に無限大の世界を見ることこそ茶の真髄なのです。

秀吉と利休にまつわるエピソードで有名なものに「朝顔の茶の湯」があります。利休が朝顔を庭一面に植え、見事な花を咲かせたという話を聞いた秀吉が、それを見たいと望んだ。しかし翌朝、利休に招かれて訪れてみると、朝顔など一輪もない。楽しみにしていた秀吉は不機嫌になったが、いざ茶室に入ると、素晴らしい朝顔が一輪だけ生けてあった。利休が前日に庭の朝顔をすべて抜き、もっとも見事な花だけを残していたのです。

その一輪の美しさに、同席した者は思わずため息をついたという。

またこんな話もあります。日頃生意気な利休を慌てさせて恥をかかせてやろうと思った秀吉が、わざと深夜に利休のもとを訪れた。しかし眠らずに茶を楽しんでいた利休は少しも慌てず天下人を迎え、盆栽の柚子《ゆず》で柚子味噌を作り、それで茶漬けを作ってもてなしたという。

秀吉の感覚でいえば、朝顔は庭いっぱいに咲き誇るのが美しいし、天下人のご馳走は手間隙かけて用意するべきものだったのでしょう。しかし利休は一輪の花、一杯の茶漬けで、何にも勝るもてなしができることを証明しました。

利休はこのようなわびの美を「無」の世界ととらえます。秀吉流の派手で華やかな美の単なる対極とは考えなかったのです。「無」とはすべてを心の宇宙に包み込むことであり、「無」の美は相対ではなく絶対なのです。

「空」と「無」から生まれた茶禅一味

茶道はまた「無」によく触れます。

利休は「茶の湯とはただ湯を沸かし、茶を点てて、のむばかりなる事と知るべし」といっているが、これは一切の虚飾や思想を廃した極致を描いたものといえましょう。

茶の湯とはいかなるものをいふやらん墨絵に書きし松風のこえ

これは表千家七代如心斎による歌ですが、白黒と沈黙の世界に茶の湯の真髄を見出すのも、やはり「無」の自覚に連なるものでしょう。

このような「無」や「空」の思想はインドや中国に端を発します。

そして茶や禅も、もともと中国から伝来したものです。鎌倉時代、当時の宋で禅を学んだ僧たちが薬として持ち込んだ抹茶が、日本で広まったのです。中国の飲茶《ヤムチャ》は食文化以上のものにはなりませんでしたが、日本の茶は禅宗とともに、精神修養の一貫として広く受け入れられました。

そして珠光や紹鷗を経て、利休が茶道を確立させたことは前文で触れたとおりです。大広間の盛大な茶会ではなく狭い空間において主客が相対《あいたい》し、舶来の高価な茶器の代わりに地味な茶器というように、無駄を削り取っていくのが茶の真髄とされる。発展すればするほど派手になる、というのとはまったく逆なのです。宗教的な高みを目指すものだからでしょう。

三〇年にわたって禅の修行を積んだ利休は「茶禅一味」を唱えます。仏の教えは経典の中だけではなく、日常の茶の湯にも見出せるという意味です。茶の湯こそ得道の場なのです。

『南方録』によれば、侘びの極意とは「清浄無垢の仏世界」であるという。また「客と主人の心持はどうあるべきか」という問に対する利休の返答として、同書では次のような記述があります。

いかにも互の心にかなふがよし。しかれどもかないたがるはあしし。得道の客亭主なれば、をのずからこころよきものなり。

相手の心に添うのはよいが、無理に合わせようとするのはよくない。道を得た者同士であれば、無理をしなくても居心地がよい空間が生まれるはずです。作為を交えずあくまで自然体で心を通じ合わせる、ということでしょう。

長年利休の書とされてきた『南方録』は偽書の可能性が高いことが最近わかってきましたが、茶と禅の真髄を的確に伝えるものには違いありません。

外国からもたらされた「無」や「空」は、日本で「わび」の精神として生まれ変わったのです。ただの借り物の思想ではなく、枯淡の美学、人と人との心の通い合い、仏教の真の悟りとしてさらに深く多面的な価値が付与されたのです。

「一期一会」の心情と覚悟

日常会話でもよく耳にし、茶道でもよく使われる言葉に「一期一会《いちごいちえ》」があります。この時・この場所・この人との出会いは一生にただ一度っきりのもの。その心がけと覚悟を表す言葉です。

利休の弟子だった山上宗二《やまのうえのそうじ》による『山上宗二記』「茶湯者覚悟十躰」では、次のように説明されている。

常の茶の湯なりとも、路地へ入るより出づるまで、一期に一度の会のように、亭主を敬ひ畏るべし。

現在の「路地」は「細い道」などの意味で用いることが多いのですが、本来「露地」は茶室の庭を意味します。恒例の茶会であっても一生に一度の機会のつもりで臨め、ということだが、利休本人もこの言葉を実践していました。

利休の師で親友でもあった大徳寺第百十七世住持・古渓宗陳《こけいそうちん》が秀吉の怒りにふれて九州

に流されたとき、利休は送別の茶会を開いた。しかも秀吉の住居である聚楽第中の利休屋敷で、茶掛（茶室の床の間の掛け物）には虚堂智愚《こどうちぐ》の墨蹟を用いた。秀吉自慢の茶掛を無断借用したのです。まさに秀吉に対する命がけの抵抗、一期一会の餞《はなむけ》であったといえるでしょう。

「一期一会」の言葉を愛した人として有名なのが、日本を開国に導いた幕末の大老・井伊《いい》直弼《なおすけ》です。彼は茶人としても有名で『茶湯一会集』という著書も残しているが、その巻頭に飾られた言葉が「一期一会」です。

主人も客も「一世一度の会」であることを肝に銘じ、真心を持って相手に接する。今が最後、という気構えを常に持たなければならないと言うのです。これは仏教の教えにも通じる姿勢です。

また、それは無常観とも通じます。人生ただ一度の機会、といっても、それは決して非常事態ではありません。日常の場でさえ一瞬一瞬が二度とは戻らない出会いなのです。茶の湯の「一期一会」は、一世一代の覚悟を日常の場に見据えた言葉なのです。

「饒舌」の中国世界と「無言」の日本世界

中国にも飲茶の習慣はあります。茶館（茶房ともいう）に文人が集い天下国家を論じる光景がよく見られますが、やりすぎると政府から睨まれる恐れがある。ですから茶館の主人が「天下国家の大事を談ずべからず」という看板を掲げたりもするのです。

中国人は政治好きの国民です。政治とは基本的に弁舌を戦わすものであり、当然饒舌であるほうが望ましい。沈黙は無言の同意を意味し、自分の意見を押し通すためには、時には詭弁も弄する必要があります。

しかし日本の茶室で尊ばれるのは沈黙です。先にあげた『山上宗二記』でも「世間雑談、無用なり」と書かれています。一期一会の出会いに、余計な世間話などもってのほかです。また利休の孫に当たる千宗旦《そうたん》が「茶の湯とは心につたえ、眼につたえ、耳につたえて一筆もなし」としているように、茶の真髄は「口伝」、または「以心伝心」によって伝えられていくものとされています。言葉ではなく自分の目や耳を通じた経験をもって、自分自身の道を究めていく。このように茶の湯の本意は「不伝の伝」で伝えられるものとされていますが、これも禅の「不立文字《ふりゅうもんじ》」に通じるものがあります。

政治と芸術を単純に比較するわけにもいきませんが、日中文化で比較してみると、饒舌と無言の差がはっきり表れるように思う。

中国人は大きなもの、鮮やかなもの、派手なものを志向するが、日本人はむしろ小さなもの、無彩色なもの、簡素なものを好む。

「わび」「さび」の根底にあるのは、簡素で落ち着いたものを好む日本人の美的感覚でしょう。そして重・厚・長・大より軽・薄・短・小を志向する姿勢が、最近のマイクロ技術の発展、ＩＣ大国日本の基礎となったのではないでしょうか。

「不足の美」の真髄

質素な「無」を志向する「わび」の世界は、一般的な「美」とは相容れません。「わびしい」「わび住まい」「わび寝」といった言葉はどれも寂しさや貧しさを表すもので、肯定的に受け取られないのが普通でしょう。

「わび」「さび」の辞書的な意味は次のようなものです（『広辞苑』による）。

「わび（侘）」①思いわずらうこと。②閑居を楽しむこと。また、その所。③閑寂な風趣。茶道・俳句などでいう。さび。

「さび（寂）」①古びて趣のあること。閑寂な趣のあること。さびしみ。②謡曲・語物において、枯れた低い声。③蕉風俳諧の根本理念で、閑寂味の洗練されて純芸術化されたもの。句に備わる閑寂な情調。

しかしもちろんこれらの言葉には、それぞれの時代背景を考えなくてはなりません。茶の湯の世界の「わび」も他の世界とは違う意味を持つのだし、珠光や紹鷗、利休の「わび」の感覚もそれぞれ微妙に異なっています。

「茶祖」として知られる村田珠光の言葉として「月も雲間のなきは嫌にて候」というものがあります。曇りなく見渡せる月より、雲の間からほの見える月のほうが好ましいという「不足の美」を唱えたのです。

また「心の文」と呼ばれる珠光の書には「此道、第一わろき事は、心のかまんかしゃう（我慢我執）也」、「心の師とはなれ、心を師とせざれ」と記されている。心の赴くままに振舞うことを戒めた言葉です。禅に深い理解があった珠光ならではの「茶禅一味」の境地といえましょう。

茶の湯に「わび」という言葉を用いるようになったのは、利休の師である武野紹鷗の代になってからだという（筒井紘一氏『茶の湯事始』）。彼によれば「わび」とは次のようなものです。

　侘びという言葉は、古人も色々に歌にも詠じけれども、ちかくは正直に慎み深くおごらぬさまを侘《わび》と云ふ。一年のうちにも十月こそ侘なれ。

「わび」とは単に簡素な様を楽しむことではなく、茶の湯において求めるべき心の状態であるという意識でしょう。他にも次のような言葉もあります。

連歌は枯れかじけて寒かれと云ふ。茶の湯の果てもその如く成りたき。

連歌に「冷え」や「枯れ」の美学を見出したのは連歌師の心敬《しんけい》であり、紹鷗はその影響を強く受けていました。珠光のわび茶に和歌世界の、つまりさらに日本的な「和」の心や美意識を与えたのが紹鷗と言えるのでしょう。

そして現在の「わび」はどちらかというと「清貧の思想」に近いものとして受け取られているように思います。普通なら貧相なものは嫌悪されるべきでしょうが、そこに落ち着いた清らかな美や精神性を見出す発想です。これもまた「不足の美」の一つの受け止め方と言えるでしょう。

「茶禅一味」といっても、茶の湯と禅は同一ではありません。茶は精神修養であると同時に日常生活の一部でもある。「わび」が美学というより生活上の意識として取り入れられたのもそのせいでしょう。

こうして普及した茶の湯の精神は、日本の道徳や礼儀作法にまで浸透し、日本の文化を支える品性として高められていきました。

松尾芭蕉「わび」の日本文学

中国の文学では、伝統的に『論語』『易経』などのいわゆる「四書五経」の精読や暗誦、また天下国家を論じる文章が主流であり、詩歌や絵は傍流とみなされてきました。民話や民謡、壁画などはさらに低級な庶民のものとしてさげすまれるのが常だったのです。

小説の地位も低い。もちろん『西遊記』や『紅楼夢』のような傑作もありますが、科挙《かきょ》に落第したりろくな官職に就けなかったりした、失意の文人によるものが大部分です。だから「大説」（歴史）ではなく「小説」として一段低く見られたのです。

そして内容も勧善懲悪的なものが多い。そのせいか性や恋愛を描く場合も、たいていは悲劇や不幸の前兆として書かれています。

中国文学が人の本性や情けを正面から書こうとしないことについて、本居宣長が批判したことは前に述べました。

しかし日本では、「わび」は古くから和歌で用いられています。

秋萩の散り過ぎゆかばさを鹿はわび鳴きせむな見ずはともしみ（『万葉集』）

「さを鹿」（牡鹿）の鳴き声に、恋の叶えられない悲しみや孤独を重ねた歌です。

侘人の住むべき宿と見るなへになげきくははる琴のねぞする（『古今和歌集』）

他にも「待ちわび」「住みわび」のような連語として用いられる場合が多く、主に自分の境遇や片思いへの苦しさ、失意による厭世感がこめられています。

勧善懲悪や道徳といった枷《たが》を無理にはめる必要はない。生活の中の「わび」や「さび」の情景、心情をありのままに描くことができるのが日本文学の特徴なのです。

「さび」はもともと連歌や俳句の用語で、「寂しさ」を意味します。

中世の代表的な美意識の一つが「幽玄」です。鴨長明が「ただ詞に現れぬ余情、姿に見えぬ景気なるべし」としているように、「幽玄」とは奥深い余情や本質を表すものでした。そのような「幽玄」の美が、隠者的な「わび」を経て、枯淡の境地である「さび」に受け継がれたという。

松尾芭蕉は「しをり」「ほそみ」、そして「さび」を自分の俳句の基本理念とした。芭蕉の『俳諧一葉集』には次のような句が前書きとともに収録されています。

月をわび、身をわび、拙《つたな》きをわびて、わぶと
答へむとすれど、問ふ人もなし、なほわびわびて、
わびてすめ月侘斎《つきわびさい》が奈良茶歌《ちゃうた》

「奈良茶」は粗末な茶飯、「月侘斎」とはわび住まいの自分自身を指しています。「わび」の生活そのものを句にしたものです。

また「さび」について、芭蕉の門下生である向井去来は次のように記しています。

さびは句の色也。閑寂なる句をいふにあらず。たとへば老人の甲冑を帯し、戦場にはたらき、錦繡をかざり、御宴に侍りても老の姿有るがごとし。賑《にぎや》かなる句にも、静なる句にもあるもの也。

「さび」の意義については、「誠」の心をもって物の「本情」を確実に把握することだという大西克礼《よしのり》氏、先人の心を受け継いだ心の色とする潁原退蔵《えばらたいぞう》氏、「句上に纏綿《てんめん》、漂蕩《ひょうとう》す

る一種のニュアンス」であるとする河野喜雄《こうのよしお》氏などの解釈があります。

いずれにしても「さびは…閑寂なる句をいふにあらず」「しをりは哀れなる句にあらず」というように、ただ表面的に寂しいもの、わびしいものを詠めばよいというのではありません。武者が戦場で手柄を立て、華やかに着飾って宴を楽しむ姿にも、世の無常やしみじみとした情緒を漂わせることができるのです。

芭蕉は中世の西行や世阿弥、利休らの生み出した「幽玄」や「わび」の影響を受けつつ、独自の俳句の美学を達成したのです。

現在では「わび」「さび」はほぼ同一の理念と見られているが、「わび」が生活の状態、日常に見出す美や味わいを表すのに対し、「さび」は心情の状態、仏教的認識を母体として世俗の価値観を捨てる心を表すと考えることも可能でしょう。

「不完全性」を志向する日本文明

日本には万能の存在はあまりいません。神話の神々からして不ぞろいな能力の持ち主ばかりで、万能の絶対神は存在していないのです。

神格化した家康を祀《まつ》る日光東照宮には、有名な「逆さ柱（逆柱《さかばしら》とも）」があります。完璧なものは災いを招くとされるので、わざと不完全な余地を残したのです。先にあげた「不足の美」に通じる感覚でしょう。

岡倉天心の「否定の美」や柳宗悦の「奇数の美」も同列の思想といえるでしょう。曇りなき名月より雲間の月、満開の桜より七分咲きの桜といった不完全なもの、未完成なものを日本文化は志向するのです。

逆にいえば、完全なものが手に入らないとは、そこに発展の余地があるということです。意図的に余白を残すことに美や味わいを感じ、またさらなる発展を生むのが日本文化といえるのではないでしょうか。

このように、日本人の美意識は「完全への否定」なのです。これは日本の風土で生まれた「わび」と「さび」の心からくるものの見方、考え方ともいえるでしょう。中国人が求める「円満」「完璧」とはまったく違う。極端に言えば「玉砕」も日本人の心の美学なのです。

「わび」「さび」は単なる感傷的な情緒にとどまることのない美意識であり、そこには無限への挑戦の意欲もひそんでいます。それこそが、日本人の無類の進取精神の源泉でもあるのです。

先述の河野喜雄氏によると、「わび」の語源はそもそも「長いものを曲げて丸くしてわ(輪)を作る」ことだという。人間が体を丸くして生命や生活に対する圧迫に耐えること、極限状態に立たされること――「わび」とはつまり、「限界」や「極限」の概念を根底に置いているのです。

利休や芭蕉の時代にも「わび」は「極限」「最後」として理解されていたといいます。生活の細部に至るまで虚飾を切りつめ、「わび」の極限に近づくのです。この精神は茶の湯や文学のみならず、日常生活に見える美意識のすみずみにまで及んでいます。

キリスト教徒やイスラム教徒に比べ、日本人はそれほど強い宗教心を持ってはいません。しかし世俗にまみれているわけでもない。宗教心に代わって、こうした独自の美意識が日本人にとっての普遍的価値になったのではないでしょうか。

第三節　「無心」という奥義

空手の天才大山倍達が語った「無心」の境地

優勝したプロ野球チームのヒーローインタビューなどを聴くと、「無心にやっただけ」という感想が珍しくありません。私が素朴な疑問を抱くのは、この「無心」とはいったい何か。また、どうすれば「無心」になれるか、ということです。

日本人はよく「無心」ということを言います。私の経験でいえば、「無我夢中」や「一意専心」、さらに「我を忘れた」ことは確かにあります。しかし、「無心」は修道者や得道者にしか体得し得ない、あるいは極めることのできないことなのでしょうか。

極真空手の大山倍達《ますたつ》氏の弟子で、第一回日本空手大会優勝者となった山崎照朝《てるとも》氏は、著書『空手に賭けた青春　無心の心』（スポーツライフ社）で「無心の境地」に達するまでの心得談をつづっています。

空手は攻撃や防御を身体で覚える。他のスポーツもそうだが、理論より稽古の繰り返しが大事だ。この稽古という反復練習は百万遍の読経と通じる精神に基づいており、回数が多ければ多いほど効果がある。だがある時期にくると迷いや停滞が生じ、それ以上進まなくなる。

そんなとき、大山氏からもらった「足は手の三倍の破壊力を持っている。足が手の動きと同じように自由に使えたら、この世界でも一流になれる」という言葉を悟りとして死中に活を得、無我夢中で蹴りの稽古をしたと言います。

山崎氏は次のように述べています。

武道に限らず、身体を使う運動は頭で考えているだけでは身につかない。身体で覚えなければ、自分のものにすることはできないのである。無心となって稽古に励み、無心で戦うことが大切なのではないだろうか。

無心になることにより、試合では知らず知らずのうちに攻撃や防御のすべての動きが無意識のうちに行われるようになったと言います。考えてさばくのであれば、考えた分だけすべての技に遅れが出る。勝負というものはほんの一瞬のうちに決まるものだ。だから「無心」になって戦わなければならない。

山崎氏は常に汗を流して限界に挑戦、切磋琢磨・努力精進の空手王国を守ってきた極真の精神を再確認し「無心の心」を唱えたのです。

禅にも造詣が深かったブルース・リー

カンフー映画の名優ブルース・リーが武術家でもあることは有名です。カンフー映画の先駆者として今でも人気が高い。だが、彼が大学の哲学科出身で、禅にも造詣が深かったことは意外と知られていません。

死後に出版された多くの研究書の一つに、リー研究の第一人者であるジョン・リトル氏の『ブルース・リーが語るストライキング・ソーツ』（福昌堂）があります。これはリーの発言やメモをもとに、その人生哲学のエッセンスをまとめたものです。この中では空や無為、心、死、瞑想、道などについて触れていますが、「無心」について得た心得としては次のように書かれています。

「無心」とはすべての感情を廃した空虚な精神状態のことではないし、また単純に無感情や冷静といったことでもない。穏やかさや冷静さは確かに必要だが、大切なのは心が一切執着しないことだ。

心が一極に集中したり、心がこわばっていたり、必要とされているのに自由に流れなくなったりしたとき、それはもはや本質的な意味における心ではない。

「無心」とは何者にもとらえられないこと。一つのところに決してとどまらない心。とどまらずに絶え間なく流れ続け、われわれの限界や差異をも意に介さない。どこか一点に心を集中しようとするのではなく、心が全身を満たすよう努力せよ。自分という存在のすみずみまで行き渡るように、心が自由に流れるのに任せるのだ。心が望むままに思考せよ。

これは要するに精神・心の一極集中の否定でしょう。私たちはさまざまなものに目を留めるとき、目を用いてはいても、見ようと特別に努力してはいません。無心とはこれと同じように、特別に努力することなく心全体を用いることなのです。

「無心」とは感情やフィーリングが欠如した状態ではなく、フィーリングがもつれたり遮られたりしない心を指すのです。

この「とどまることのない」心は、「空なる心」「平常心」とも表現されています。

すでに心にある思考を取り除こうと意図すれば、別の何かが起こるたび心を満たしてしまうことになる。ならばどうすべきか。何もしなければよい。わざと取り除くのではなく、自然に消えるに任せるのだ。騒ぎ立てるな、一切騒ぐことはない。それは常日頃と変わらない心であって、なんら特別なものではないのです。

無心とは自己を空にすることです。ネガティブな意味ではなく、物事を受け入れるために心を開くことです。

京都にある三十三間堂には有名な千手観音像があります。一本の槍を使うことに心をとどめれば、他の九九九本の腕は何の役にも立たなくなります。すべての腕を使いこなして喪うことのない境地――それこそ、無心の境地に至っているということなのです。

「空なる心」平常心こそ最強への道

山崎氏やリーが語る武道の真髄とは「無心なること」「空なる心」です。それは「ファイトだ」「根性だ」のように奮い立たせるための気合ではなく、平常心なのです。

同じく武道を極めた一人である二天一流の武者・宮本武蔵は、『五輪書』の中で次のように述べています。

空といふ心は、物毎のなき所、しれざる事を空と見たつる也。勿論空はなきなり。ある所をしりてなき所をしる、是即ち空也。（空の巻）

空の道については以下の通りです。

実の道をしらざる間は、仏法によらず、世法によらず、おのれおのれは慥《たしか》なる道とおもひ、よき事とおもへども、心の直道よりして、世の大かねにあはせて見る時は、其身其身の心のひいき、其目其目のひずみによって、実の道にはそむく物也。其心をしつて直なる所を本とし、実の心を道として兵法を広くおこなひ、ただしく明らかに大きなる所をおもひとつて空を道とし、道を空と見る所也。（同前）

『五輪書』ではこのように繰り返し「空」「無心」に触れ、また無心でこそ真の業を無限に発揮できると述べます。

また山岡鉄舟《てっしゅう》の『武士道』では、武士道の奥義についてこう語られています。

三世因果が悟れたならば、無我ということがわかるから、何事に向こうても決して屈するものではない。またこれが正道であるから、進めば進むほど道が開けてくるものである。

かつて相撲で六九連勝を果たした後敗れた双葉山が、師である安岡正篤《まさひろ》に「木鶏《もっけい》」の説話を教えられたという話もよく知られています。これは『荘子』達生篇に記されたエピソードが出典です。

その昔、闘鶏用の鶏を育てる名人に紀悄子という人がいて、周の宣王のために一羽の鳥を訓練した。一〇日経って王が「例の鶏はどうだ」と尋ねると

「まだです。殺気立って戦いを挑んでいます」

と答えた。もう一〇日してから王がまた問うと、

「いいえ、まだだめです。戦いを挑むことはなくなりましたが、他の鶏の鳴き声を聞くと依然として闘志をみなぎらせていきり立ちます」

と言う。さらに一〇日後、王が問うと

「まだだめです。他の鶏の声を聞いてもいきり立つことはなくなりましたが、姿を見ると相変わらず目を血走らせ戦おうとします」

と言った。さらに一〇日経って四度目に問われたとき、とうとうこう答えたという。

「そろそろいいでしょう。他の鶏の鳴き声や姿に動じることなく、まるで木でできた鶏のようです。すべての徳がそなわったということでしょう。これなら他の鶏は、戦いを挑むどころか逆に逃げ出すでしょう」

日本人の心の歴史に新たな精神世界を開いた「鎌倉仏教」

禅でいう「無心」とは物事にとらわれない心であり、「正見（正しいものの見方）の心」とは無心そのもの、自然の心です。それは日本でよくいう「あるがまま」の心なのです。

人の心は無私無我のときにおのずから「本来のもの」となります。人の本来の心とは、きわめて自然的なものなのです。「無心」とは何も考えていない心ではない。何でも受け入れる広く寛大な心、いわゆる明鏡止水《めいきょうしすい》の心です。静かな心境ができれば、いつでも素直に物事を見ることができる。それが「無心の境地」ではないでしょうか。

「美しく咲き乱れる春の花はいったい誰のために咲くのか」という、有名な禅の言葉があります。また良寛の詩には「花は無心にして蝶を招き、蝶は無心にして花を尋ぬ」とある。それは誰のためでもなく、ただありのまま、無我無心に生きるだけなのです。

聞くままにまた心なき身にしあればおのれなりけり軒の玉水

これは道元禅師の歌です。軒から落ちる雨だれの音を無心で聞く、それが他ならぬ「おのれなりけり」＝自分の姿だ、と詠じたのです。

戦前の学校教科書には、書道家の小野道風《おののとうふう》はカエルと柳から不撓不屈の精神を教えられたという話が載っています。柳は無心に垂れ下がり、カエルは無心にそれに飛びつく。それをじっと見つめているうちに、いくら失敗してもめげずに努力を繰り返していけば目的にたどり着く、と悟ったというエピソードです。母は何回もこの話を聞かせてくれたものです。

禅僧・明恵《みょうえ》は日常的な禅定《ぜんじょう》（座禅を組んで真理を考えること）の中で「夢」を見続けた人としてもよく知られています。深い瞑想に入ると夢か幻か判然としないような体験をするのは、行をする人にはおなじみのことです。よくいわれるように瞑想とは、無限と現実の融けあった特殊な心身の状態なのです。

明恵の禅定中に「心身凝念」として夢が現れます。心身凝念とは、心と身体が凝り固まったように一つに融合したエクスタティックな状態といえるでしょう。この「心身凝念」によって、物心を得て清浄になる夢体験をするのです。

明恵は栂尾《とがのお》の高山寺で「定心石」に座り、あるいは有名な樹上座禅図に見るような瞑想に打ち込む坐禅三昧の生活をしていました。「心身凝念」の行によって心と身が一つになる。心が単に心であることから離れ、また生理的感覚の世界から遊離して此岸《しがん》と彼岸の間の壁を突き破る。夢と現実が渾然一体となった無心の現象と言えるでしょうが、道元にもこれと似た「心身脱落」の世界があり、親鸞にも「自然法爾《じねんほうに》」があります。

鎌倉仏教の高僧たちによって伝授された神秘の思想、いや修行による瞑想的な体験は自我への心の凝視を喚起し、日本人の心の歴史の中で新たな精神的世界を開いていく契機ともなりました。それは日本人の宗教心を深めていくだけではなく、日本独自の文化や文学、諸芸能の完成度をも高めていくのです。「無心」を得たこともその一つではないでしょうか。

「和歌」や「茶道」にも行き渡る無心の教え

仏教の無我・無心は原始仏教、あるいは般若心経で使われている言葉で、現在の無心とはだいぶ異なります。

インド仏教が中国から日本へと伝えられた過程で、インド流の「無心」も中国流、日本流と変化し、東洋風の「無心」が出てくるのです。というのも漢民族の考え方はきわめて実利主義的、現実主義的ですから、インドの精神的・哲学的な無我（アナッタ）も彼らの現実的な頭で昇華され、今日的な「無心」へと変化していったのです。

雲無心にして岫《しゅう》を出で、鳥飛ぶに倦《う》んで還ることを知る

これは陶淵明の『帰去来辞』中の句です。雲は何の意図も持たずに山の峰から湧いて出る。鳥は飛ぶのが嫌になって森のねぐらに帰ってくる。これが「雲無心」の表現なのです。

心なき身にもあはれは知られけり鴫《しぎ》立つ沢の秋の夕暮れ

日本の西行法師によるこの歌では、「心なき」という言葉で「無心」が読み込まれています。

西洋的な見方からすれば、無我・無心とは自我がないこと、すなわち人格の否定、無責任・無自覚・無道徳だとして非難されることになります。しかしこれは正しい解釈とはいえない。ここでいう無我・無心とはキリスト教のいう「御心のままに」にも連なる心の状態なのです。

このような無我・無心の否定は、必然的に物質的世界の追求につながります。近代思想

の二つの核は「個人主義」と「合理主義」です。明治維新以来の近代的自我意識の芽生えによって、日本人も「私」に執着するようになりました。ここ一世紀以上の間、日本人には容易に「自分を捨て去れない」時代が続いているのです。

「無我」は仏教の教えだが、これはもちろん自我や魂がないということではなく、「我執」をなくしそこから離れるということです。

人間は生きている限り、自分の存在を貫かなければなりません。また主義主張を貫くためには、あくまでも信念を放棄してはなりません。

しかしとことん自我に執着すると、いわゆる「自己中」になってしまい、他者との対立・闘争が際限なく広がっていくことになるのも自明です。だから「無我」も必要でしょう。「則天去私」すなわち私を捨てるということ、あるいはどう捨てればよいかということは、近代日本の国家としての一つの課題にもなっています。

日本では古代から「私」を捨てる滅私奉公の精神が尊ばれてきた。伊藤古鑑の『茶と禅』の中には「小なる『われ』が大なる『われ』に拡大されて、そこに天地一如の妙境をひらく」、つまり天地の世界としての和敬清寂の茶禅の世界が説かれています。

この「小我」から「大我」への境地を模索し続けたのが、弁証法的論理の究極原理として「絶対無」を説く哲学者・西田幾多郎《きたろう》による西田哲学です。

西田によれば「絶対無」の世界とは、つまるところ有相《うそう》の「自己」を超克し無相の「自己」を獲得することによって到達しえた、真の普遍的自己の属する世界をいうのです。やや難解な哲学ですが、そこには有相の自己、すなわち「小我」を完全に否定することによって無相の自己、すなわち「大我」に到達することをいいます。滅私奉公というわかりやすい「奉公」志向よりも、己を空にして「全体的一」と「個体的多」との矛盾的自己同一の世界を求めることが説かれているのです。

己を空にして物を見、自己が物の中に没する無心とか自然法とかいうことがわれわれ日本人の強い憧憬の境地である。

日本精神の真髄は、物において事において一となるということでなければならない。

もちろんこの「絶対無」の世界とは空無の世界でもあるわけです。

鈴木大拙が説く無心

先の西行の歌のような「心なき」は、インド仏教の「無我」あるいは「無心」とはやや異なる、と仏教学者の鈴木大拙《だいせつ》は言います。鈴木によれば「無心」は仏教思想の中心であり、東洋精神文化の中核をなす。これこそ東洋思想の特質であり、東西の精神思想との相違を語る特色のひとつでもあるとします。

鈴木のあげる「無心」の実例には、たとえば『老子』の冒頭、「常に無欲にして、以ってその妙を観る」があります。この「無欲」すなわち「無心」の意味だというのです。「無心」とは絶対無の世界で、通俗的に言えば「雲無心にして岫を出で」が無心の境地である。これがおそらく、荘子のいう「木鶏」でしょう。

心理学的無心…霊魂の否定。無霊魂説に近い。
倫理学的無心…我執の否定。無我論。
宗教的無心…他力三昧になる受動性。絶対的受動。

鈴木は「無心」をこの三つに分析し、あらゆる観点から見て「宗教的無心」こそ、人間の最終の帰着であり最高の体験であるとしました。また、「心」については、主に大乗仏教の立場から次の三つに分類しています。

心と色との間の本質的な相違に着目せず、考えるものと考えられるもの、知るものと知られるもの、すべてを在るもの＝諸法として見た場合の心。「心の自性は清浄である」といわれる場合の心。自性の清浄は、法性心以外には考えられない状態である。

　知られるものに対する知るものという特性によってとらえられた心。こういう心を「識」という。「了別」「意」とも同義である。


　そして無心を体得すれば、死んでから極楽に行こうが地獄に行こうがこだわることはなくなると言います。つまり無心の体得こそ往生することだといってよい、としているのです。憂も喜もなく、ただ流れのままに性を認得することこそが往生なのである、と。

インドから中国へ渡り日本で発展した禅

　禅の開祖と伝えられるのが、心非心・心無心を唱えたインドの達磨大師です。『菩提達磨無心論』には、無心とは何か、どうすれば無心になれるかについて、師と弟子との対話形式で語られています。「一切処においてことごとく皆無であるというが、木石も無心だから我々も木石と同じなのか」という問いに対し、師はこう答えます。

「天鼓や如意珠は無心だが自然に種々の妙法を出して衆生を教化する。我が無心も同様に、真般若（般若＝正邪を分別する知恵）が見えていて、三身自在・応用無礙というべきものだ。だから木石とは異なり、真心がすなわち無心なのである」

つまり「無心」とはただの虚ろな存在ではない。「見聞覚知を離れていずこに無心有らんや」、すなわち「無心」とは実在そのものなのです。

唐末期の禅僧、臨済宗の開祖でもある臨済は「無心の人は無事の人であり、無事の人とは無心の人である」と説きました。

日本の道元禅師も「心は木石の如し」「石頭の如し」と言っていますが、これも単に心を木石扱いしているのではなく「心身脱落、脱落心身」、つまり「我」を立てない心のあり方を指しているのです。

禅における無心とは「求めることのない心」である。また空─因縁空、心空、法空であるといいます。

一切が空である、との自覚によって妄念や束縛から解き放たれ、そこに本来の自己や自由がある。また念や慮を忘れた境地において仏がおのずから現前し、または仏祖と一つになるのだ、と。

「心」と「無心」は対極にあるものではない。「無心」の対義語は「妄想」であり、「心」の中でも虚妄な心は「念」「妄心」「心念」などと呼ばれます。

最古の大乗経典の一つとされる『小品般若《しょうぼうはんにゃ》（八千頌《じゅ》般若）』によれば、「無心」はすなわち非変異・無分別・心の自性とされています。

無分別といっても、今でいう「思慮が浅い」という意味ではありません。ここでの「無分別」とは般若（正邪を分別する知恵）を、「非変異」は真如（不変の真理）、すなわち無為を現しているのです。心の無こそ真如、つまり不浄な煩悩のない状態なのです。

大乗仏教の瑜伽《ゆが》行派も「無心」を強調するが、そこでは「唯識」という言葉で語られています。絶対他力本願を説く浄土真宗の「はからいをやめる」もまた、同様の境地といえるでしょう。

「共産主義」は無心の否定が行きつく先

このように仏教思想は基本的に「心」を重視するが、これは「唯心論＝あらゆるものの根源を精神と考える思想」とされ、物質こそすべての根源ととらえる唯物論の立場から批判されてきました。

効率や効能の重視、反宗教・非宗教的傾向は確かに近代の特徴ですが、これが行き着く先は共産主義でしょう。中国がかつて三武一宗の法難（北魏の太武帝・北周の武帝・唐の武宗・五代後周の世宗による仏教弾圧）、近年でも共産主義政権としてチベット仏教をはじめさまざまな宗教を徹底的に迫害してきたのは、取りも直さず「心」の否定、「無心」の否定に他なりませんでした。

なかでも禅を天敵とみなしてきたのが儒学、その一派である朱子学です。漢末期の天下大乱の時代に儒学は衰退し、魂の救済を求める人々の間で仏教が流行しました。以後中国は隋唐時代に至るまで熱心な仏教国となります。当時は他の東アジア諸国、朝鮮や日本も同様でした。

しかし唐が滅び、宋の時代に入ると理気の学が流行しました。この理気二元論を集大成したのが朱子学の学問体系です。宋以後、国家の学として広く普及しましたが、他の思想や宗教を徹底的に排撃する排他的な思想でもあった。特に目の仇にされたのが禅です。

李氏朝鮮でも同様に尊儒廃仏の嵐が巻き起こったが、日本は違う道をたどりました。朱子学を取り入れても禅が否定されることはなく、武道や茶道と結びついて日本に新たな精神文化をもたらしたのです。武田信玄や上杉謙信のように出家した戦国大名や、剣の達人であると同時に禅の達人でもあった人物も少なくない。その例として、先にあげた宮本武蔵や、徳川将軍家の剣術師範でもあった柳生但馬守宗矩《むねのり》、「両刃鋒を交えて避くるを須《もち》いず」を大悟した幕末の思想家・山岡鉄舟もいます。

禅には「人を殺す剣と活かす剣がある」という言葉がある。武道と仏道は一見まったく正反対にも見えますが、自己研鑽《けんさん》し己を見つめて無心の極致を究める、という点で、その奥義は一致しているともいえるでしょう。利休の茶道なども同様です。ここに、中国や朝鮮のような排他主義に走ることのない、日本独特の精神のあり方を見ることができるのです。

沢庵和尚が教える無心の剣

柳生宗矩の友人として知られるのが、『不動智神妙録』『太阿記』などの著作のある禅僧、沢庵《たくあん》和尚です。

剣術の上にて申さば、向ふより斬る太刀を一目見て、そのままそこに止り、向うより伐る拍子に合せんと思へば、向ふの太刀にそのまま心が止り候て、手前の働がぬけて向ふの人に斬られ候。是を止ると申すべき候。

これは沢庵の言葉です。対戦者を意識すればそちらに気がとられ、隙ができてしまう。ではどうすれば勝てるか。無心になることです。心をなくすのではなく、うまくやろうなどという意識を捨てて平常心を保つことであると言います。

寛永四年（一六二七）、天皇が幕府に諮らず僧侶に紫衣《しえ》の着用許可を与えたことがきっかけで、朝幕関係に大きな溝が入る事件がありました。いわゆる「紫衣事件」です。これに抗議した沢庵は二年後に出羽国に流罪となりましたが、一六三二年に赦免されています。宗矩の勧めで三代将軍家光に謁見し、以後は家光の帰依を受けるようにもなりました。

宗矩と沢庵については、次のようなエピソードが残されています。

沢庵が柳生家の門前で「将軍指南役と言っているが、まだまだ未熟だ」と放言したので、それを耳にした宗矩が剣の試合を申し込んだ。木刀を構える宗矩に対峙した沢庵は座ったままだったにもかかわらず、まったく隙がない。ついに宗矩が降参して教えを請うたというものです。

これは宮本武蔵の「空」や、『荘子』の木鶏にも通じる境地でしょう。宗矩は、剣の道を究めるには禅を学ぶ必要があること、自分も沢庵の説く禅によって剣術の奥義を得たことを家光に語って、沢庵を推挙したといいます。

またあるとき、一人の若者がわざわざ遊女の秘画の軸を持ち込んだことがあった。だが沢庵はそれを見ても平然としており、さらに「賛を入れてほしい」と言われても快く応じ「色即是空、空即是色、柳はみどり花はくれなゐなり」と筆を入れた、という逸話もあります。

将軍指南役を座したまま打ち破り、将軍家光の信頼を受けるなど剛毅さで知られる沢庵ですが、このような粋な一面もあったようです。もっとも、達人に刀を向けられても動じない「無心」の前には、春画など物の数でもなかったのかもしれません。

終章

日本的霊性と台湾的霊性

「霊性」とは何か

心・魂・精神については、日常的用語としてよく使われていますが、「霊性」という言葉は、あまり聞きなれないのではないかと思います。各社の百科事典や仏教語辞典、哲学、宗教、神学、心理学、精神分析学などの辞典を調べたら、『事典 哲学の木』（講談社）と二社の仏教語辞典だけに霊妙な心性の義として「霊性《れいじょう》」と出ています。『広辞苑』や『国語大辞典』にさえなく、『漢和大字典』（学研）には漢語として「性霊」があっても「霊性」は出てきません。『大辞林』（松村 明編 三省堂）には「霊性《れいせい》」が出ており、「宗教心のあり方。特にカトリック教会などで敬虔や信仰などの内実、またその伝統をいう」との註釈があります。

こういうことから見て、「霊性」は決して日常用語ではないのでしょう。この「霊性」について、「精神」と比較しながら詳しく解説しているのが、鈴木大拙《だいせつ》の『日本的霊性』（岩波文庫）です。

大拙によれば、「精神」という言葉が多様の意味に用いられているきらいがあるため、迷わせられると言います。たとえば「精神一到、何事不成（精神一たび到れば、何事か成らざらん）」や、朱子の「陽気の発する処、金石もまた透る」の例をあげ、精神＝意志（力）という使い方があることを指摘します。

また、「精神」の「精」も「神」ももとは「心」の義であり、『左伝』昭公二五年に「心之精爽、是謂魂魄（心の精爽なる、これを魂魄《こんぱく》と謂《い》う）」を引き、「精」は「神」であるので、「魂魄＝精神＝心」と見て差し支えない、わけです。

ところが、日本の場合は、「たましい」が必ずしも「精神」に当たりません。すなわち、「武士のたましい」とか、「日本魂《やまとだましい》」というとき、「武士の精神」および「日本精神」に必ずしもおきかえられないと言います。「たましい」と言うと「何か玉のようなものがそこへころがって出る」かのように、具象的な響きがありますが、「精神」というと抽象性を帯びているように感じる。「時代精神」とはいうが、「時代の魂」では意を尽くさないことから、「たましい」は個人的であるのが本来の字義で、シナでは「精神＝魂魄」でも日本ではそうではないとします。同様に、「精神＝心」ではない、精神科学は必ずしも心理学ではない。

ここで、大拙は「大和言葉のうえに漢文字があり、そのうえに欧米から入ってきた言葉に、多くの場合、漢文的訳語を付した」ため日本語が複雑怪奇になり、「精神」という文字が多義を含むことになった経緯を解説します。そして、精神を次のように言います。

日本精神など言うときの精神は、理念または理想である。理想は必ずしも意識せられないでもよい。歴史の中に潜伏しているものを、そのときどきの時勢の転換に連れて、意識に上せてくれば、それが精神である。日本精神というものが、民族生活の初めからちゃんと意識せられてあるのでない、またいつも同じ様式で、歴史的背景の上に現出するのでもない。理想というと、将来即ち目的を考えるが、そして精神にはむしろ過去がついてまわるようであるが、事実の上では、精神はいつも未来をはらんで意識せられる。未来につながらぬ精神、懐口的にのみ挙揚《こよう》せられる精神は生きていないから、実際は精神でない、子供の死骸に抱きつく母親の盲目的愛情にほかならぬ。日本精神は、日本民族の理想でなくてはならぬ。

つまり、日本精神は「倫理性をもっている」と言うわけです。したがって、「精神的」などと言うときは、「物質的」なものと対極的な意味合いがあり、二元論の様相を呈するのです。

しかしながら、精神または心を物（物質）に対峙させた二元論では、精神を物質に入れることも、物質を精神に入れることもできない。「精神と物質との奥に、いま一つ何かを見なければならぬ」ず、それこそが「霊性」だと言うのです。

（前略）二つのものが対峙する限り、矛盾・闘争・相克・相殺などいうことは免れない、それでは人間はどうしても生きていくわけにはいかない。なにか二つのものを包んで、二つのものがひっきょうずるに二つでなくて一つであり、また一つであってそのまま二つであるということを見るものがなくてはならぬ。

その「人間霊性の覚醒」こそが、そうした二元論的対立の世界を克服しうる道であると説くのです。

大拙によれば、「霊性」とは「宗教意識」であると言ってよいとします。ただ、「宗教」というと、どうしても人々が誤解するので、「霊性」というに過ぎない。そしてこの霊性に目覚めることによって、初めて「宗教」がわかると言います。

禅と浄土系思想が最も純粋な「日本的霊性」

大拙によれば、「霊性」は「覚醒」されねばならず、そのためには、民族がある程度の文化階段に進まなければならないと言います。原始民族にもある「原始性」の霊性と「純粋に鍛錬せられた」霊性を混同してはならない。したがって、民族のことごとくが「覚醒された霊性」を獲得しているとは限らないし、「日本的霊性」に芽生えた日本民族においても全員がそれに目覚めているわけではない。覚醒を「経験」しなければならないがゆえに「宗教」というのです。

そして、「霊性」に目覚めた国でも、「それが精神活動の諸事象の上に現われる様式には、各民族に相異するもの」があるため、「日本的霊性」は他国の「霊性」とは一線を画するわけです。

では日本的霊性とは何か。大拙によれば「浄土系思想と禅とが最も純粋な姿である」と言います。読者は次のような疑問が浮かぶはずです。仏教は「外来」の宗教にすぎず、それならよほど神道各派の方が「日本的霊性」を現わしているのではないか、と。しかし、大拙は、仏教は外来の宗教だとは考えない、「外来性」をもっていないと言います。渡来したのは「仏教的儀礼とその付属物」であり、「日本的霊性そのものとは没交渉《ぼっこうしょう》である」と断じるのです。つまり、仏教を一方的に受容したのではなく、「むしろ日本人の生活そのものが、「禅的」であったのであり、禅宗の渡来は「日本的霊性」に発火の機縁《きえん》を与えはしたが、発火すべき主体そのものは日本のなかにすでに成熟していたとします。そうでなければ、浄土思想にしても、なぜインドやシナに法然上人や親鸞聖人が出現せず、日本でみるような「絶対他力的経験」を生み出す特異性を見出せないかの説明ができない。

また、神道に対しても、これは水掛け論に終わるとしながらも、神社神道または古神道は「日本民族の原始的習俗の国定化したもので、霊性には触れていない。日本的なるものは余りあるほどであるが、霊性の光はまだそこから出ていない」とします。要するに「霊性」であっても「覚醒された霊性」ではないと言いたいのでしょう。

大拙の言う「日本的霊性」の特異性とは、「直接性」です。

浄土真宗のように「何等の条件の介在なしに、衆生が無上尊と直接に交渉するということは、二元論的論理の世界では不可能事に属する」のに、日本ではそれがすらすら行われる。禅も同様の「直裁《じきせつ》」をもつ。

（前略）何ものをももたないで、その身そのままで相手のふところの中に飛び込むというのが、日本精神の明《あか》きところであるが、霊性の領域においてもまたこれが話され得るのである。霊性は、実にこの明きものを最も根源的にはたらかしたところに現われ出るのである。明き心、清き心というものが、意識の表面に動かないでその最も深き処に沈潜していって、そこで無意識に無分別に莫妄想《ばくもうぞう》（著者註・悟りを得るためには思惟分別する心を放棄せよということ）に動くとき、日本的霊性が認識せられるのである。

『万葉集』は日本的霊性の原初的「かたち」

先述したように、「霊性」をもっと身近で理解しやすい言葉でいえば、「宗教意識」「宗教心」でしょう。

千二百年も前の平安時代以前に編集された古代日本人の「原初的霊性」を語るものとして、もっとも代表的なのは精神生活を赤裸々に歌った『万葉集』だと大拙はいいます。いうまでもなく、『万葉集』は、上は皇室から下は庶民に至るまでの和歌を集大成したものです。

古代人の自然生活は純朴で、「山を愛し水を愛し、別れを悲しみ、戦いに勇み、男は女を女は男を恋い、慕い、死者を悼み、君を敬い、神々を畏れるなど、すべて自然人の心持が歌われている」と言います。

大拙に言わせれば、それは生まれながらの人間の情緒そのままで、まったく「嬰孩性《えいがいせい》」を脱却せぬ。宗教学者の言う、まだ生まれ変らぬ魂の生活であるとし、『万葉集』から次のような特性を抽出します。

・男女「相聞《そうもん》」の歌が多いが、恋愛の悲苦への反省・思索がみられない
・不幸・失望・苦悶などに際会して酒にひたることがない
・死者を痛む「挽歌《ばんか》」に悲しいというほかに深いものがない

・彼らの「神」は人間よりも力はあるが人間以上の存在ではない
・「死後の生活」の消息がよくわからない

ようするに、『万葉集』全体を通して、「宗教」まで至っていないと大拙は言いたいのです。挽歌から一例を引きましょう。

　生けるもの遂にも死ぬるものにあれば今ある間《ほど》は楽しくをあらな（三四九）

の如き、また

　今の代にし楽しくあらば来《こ》む生《よ》には虫に鳥にも吾《われ》はなりなむ（三四八）

の如き、一は生者必滅《しょうじゃひつめつ》、一は六道輪廻《ろくどうりんえ》の思想であるが、その現世肯定的態度には、どうも感覚的なものしか見えぬ。

　死者を痛む「挽歌《ばんか》」なるものの中には、ただ悲しいということのほかに、無常とか、「逝《ゆ》くものは斯《か》くの如き」とか、「水沫《みなわ》の消えて跡なき」などいう考えも詠《よ》まれているが、どうも深いものがないようだ。何か死の神秘性、永遠の生命、生死を超越した存在、水沫ならざるもの、照る月の如くに満ち、または欠けることのないものに対するあこがれ、行き方《がた》知らざるものを捉まんとする祈り、または努力、または悩みなどいうものが、『万葉集』中には少しも見あたらぬ。（中略）美しき人情には相違ないが、現世的・感覚的・享楽的・時間的な心情にすぎない。

厭う心、求むる心こそ現世否定の道で、宗教はこの否定なしに、最後の肯定にはいることはできない。その心を徹底させれば、宗教的、霊性的生涯は初めて可能になる。厭いもせず、求めもせぬ大部分の万葉歌人には、人間の心の深き動きに触れているものがないと言うのです。

私の理解としては『万葉集』の心は神話時代からつづいてきた「清明心」そのものです。本居宣長も「原初的和心の原点」として「漢心」と区別し、弘法大師も西行も和歌を「陀《だ》羅《ら》尼《に》（真言）」として重んじています。

また、大拙は『万葉』が平安以前の日本的「情緒」とするなら、『古今和歌集』は平安人の「情調」といえるといいます。『枕草子』『源氏物語』に代表される平安文化の特徴は「繊細で女性的で、優美閑雅、感傷的である」と。それには十分の敬意を表するが、「思想において、情熱において、意気においては、宗教的あこがれ・霊的おののきにおいては、学ぶべきものは何もない」と言い切るのです。

奈良仏教や平安仏教は仏教の盛期とするのが一般的ですが、大拙の見方はまったく違います。

（前略）仏教は欽明天皇の頃から渡来しているし、後世の神道となるべき原態もあったにはあったが、日本人はまだ宗教的に霊性の自覚をもたなかった。奈良朝時代には、お寺ができ、仏教論が読誦《どくじゅ》・研究せられた。また仏像などの立派なものができ、仏教的儀礼も盛んに執り行われた。それから平安時代には、伝教《でんぎょう》大師や弘法大師を始め、立派な仏教学者も仏教者もずいぶん出ている。しかしわしは言う、――日本人はまだ仏教を知らなかった。仏教を活かして使うものを、まだ内にもっていなかった。

だから平安朝には宗教意識の展開はみられぬ。日本的霊性的自覚はまだ起こり出ない、と言います。

「母なる大地」を賛美する鈴木大拙

中国人は「世俗化」した民族であることは前に述べました。信仰心が薄く、迷信も多い。一治一乱の歴史の主役はカルト集団の反乱が歴史の原動力となります。仏教伝来後から中国の宗教史、あるいは思想・精神史を見る限り、よく知られるのが、「三武一宗」の「破仏」、「回乱後の洗回」、「義和団事件」と宗教迫害と信者皆殺しばかりです。

しかし、中国人はまったく宗教心がないといえば、そうとは限りません。土俗的迷信に近い道教でも、「天」と「祖先」（鬼）を信仰します。ですから、「シナ的霊性」を考察するなら、むしろこの「天」と「鬼」から入った方がいいでしょう。

「天」への信仰は、きわめて北方的で、殷《いん》人は「鬼神」を信じるが「天」への信仰は、周人からくるものではないかとも考えられます。孔子の祖先は殷人でした。が、孔子は殷を滅ぼした周人の周公を聖人として讃え「天」を信仰します。

同様に、司馬遷の『史記』には、想像もつかない、不可解、不可知なことをすべて「天命」のせいにしています。

一方、鈴木大拙は、「天」を遠い存在として軽んじ、母なる「大地」を賛美します。ここにこそ私は大拙思想の真髄を見る思いがします。「天は遠い、地は近い。大地はどうしても母である、愛の大地である」と言います。なぜなら、

天日《てんじつ》は有難いに相違ない。またこれなくては生命はない。生命はみな天をさしている。が、根はどうしても大地におろさねばならぬ。大地に係わりのない生命は、本当の意味で生きていない。天は畏るべきだが、大地は親しむべく愛すべきである。大地はいくら踏んでも叩いても怒らぬ。生まれるも大地からだ。死ねば固よりそこに帰る。

天はどうしても仰がねばならぬ。自分を引取ってはくれぬ。

大拙の平安仏教文化、平安貴族についての批判めいた論述は、それが「大地に根ざしたものでない」ということに主眼がおかれているのです。

大拙の言葉は留まることをしりません。

（前略）平安人は自然の美しさと哀れさを感じたが、大地に対しての努力・親しみ・安心を知らなかった。従って大地の限りなき愛、その包容性、何事も許してくれる母性に触れ得なかった。（中略）平安人は美しき女を愛して抱きしめたが、死んだ子をも抱きとる慈母を忘れた。彼らの文化のどこにも、宗教の見えないのは、固より然るべき次第である。

大拙の平安貴族文化についての見解を読むと若干違和感がないではないが、確かに古代日本人、ことに神代時代には、天上、地上、地下という三次元的世界観をもっており、地上よりも天上の方がユートピアの世界だったはずです。また、平安文化は女性的だということも事実だろうと思われます。母なる大地への美化はいったいいつごろからなのでしょうか。

インドではアショカ王という仏教王国の盛世もあったし、中国の六朝時代には、仏教文化の盛期で、聖武天皇と同じく「三宝の奴（仏・法・僧の三宝に供養するため身を捨ててその奴隷となること）」梁の武帝もでました。漢末から唐に至るまで少なくとも六百年前後、中国も貴族文化の盛期ですが、決して女性的ではありませんでした。

また、大拙がいう「日本的霊性」の中で、なぜ日本神道が日本的霊性の目覚めの域に達していないのか、道元の禅についての見方、そして真言宗はなぜ千二百年以上も日本の大地に根をおろしながらも、日本的ではないというのか、など若干疑問が残ります。

武士階級が台頭した鎌倉時代に仏教は発展した

鎌倉時代になり、日本は大地に根ざす「日本的霊性」に目覚めた。そして、その中心となったのが浄土思想と禅であることは既に述べましたが、担い手となったのは前者が百姓であり、後者が武士です。つまり、いずれも「大地と最も直接な交渉を続け得る」人々です。

平安と鎌倉という時代の対比は、そのまま貴族対武士・百姓、京都対地方の図式になります。じっさい、浄土真宗の開祖である親鸞を大拙は高く評価しますが、親鸞が霊性に目覚めたのも彼が北国に流され、関東で漂泊した生活——「大地に親しき生活」を送っていたからだと言うのです。

興味深いのは大拙の浄土思想に対する理解です。一般に真宗ほか浄土系思想は、念仏を唱えることにより極楽往生すると説かれていますが、大拙はそれでは真宗の真髄に触れていないといいます。

（前略）真宗は、弥陀の誓願を信ずるというところに、その本拠をもっている。誓願を信ずるというは、無辺の大慈悲にすがるということである。因果を超越し業報《ごうほう》に束縛せられず、すべてそんなものをそっちのけで、働きかけてくる無礙《むげ》の慈悲の光の中に、この身をなげ入れるということが真宗の信仰生活であると、自分は信ずる。此の土の延長である浄土往生は、あってもよしなくてもよい。光の中に包まれているという自覚があれば、それで足りるのである。念仏はこの自覚から出るのである。念仏から自覚が出ると言うのは、逆である。

この世が苦しいから極楽往生したいというのは「貴族文化の残滓」とみるのです。

「日本の仏教こそ世界的意義を持つ」

日本の文化的資財のうち、もっとも世界的な意義をもつものは何かと聞かれたら、それは仏教だと大拙は断言します。仏教はじつに日本的霊性の自覚の顕現であり、もっとも日本的なものだという。

言うまでもなく、仏教はインドにもありました。中国にも、朝鮮にも、台湾にも、スリランカをはじめ、ビルマ、タイ、ベトナムなどなど日本以外の国にもあります。念仏や浄土思想、禅など日本以外の地にもあったのです。そして、日本においても鎌倉時代まで待たなければなりませんでした。鎌倉時代になって初めて仏教の真実性が大地からの霊の生命に触れて真意義を発揮したのだと言います。「絶対他力と教外別伝《きょうげべつでん》の禅」です。

『日本的霊性』の解説者である篠田英雄氏によれば、大拙が「日本的霊性」を論じたのは大東亜戦争勃発後のことで、それ以前の著作にこの語はまったく見られなかったと言います。次の箇所は大拙の危機感がよく表れています。

近代日本の歴史的環境がまたよく鎌倉時代のに似ていて、更に切迫したものがある。国際政治は言うに及ばず、思想および信仰および技術などの諸方面に渉りて、異質性の諸勢力が激しく襲来する。これは必ずしも敵性のものではない。異質性は敵性を意味していない。が、異質性だけに、鎌倉時代や、それ以前およびそれ以後に、日本文化が逢着《ほうちゃく》した時と、大にその趣を異にしている。単に主我自尊的および排外的態度でこれに対抗してはならぬ。それは事実のうえには自滅をたどる心構えである。一時はいかに元気よく動いて、またいくらか成功の片影が見えても、幻滅の時節は必ず来るのである。武力・機械力・物力の抗争は、有史以来やはり枝末的なものである。ひっきょうは霊性発揚と信仰と思想とである。そしてその霊性・信仰は、思想と現実とによりて、いやがうえに洗練せられたものとならなくてはならぬ。この際における仏教者の使命は、時局に迎合するものであってはならぬ。日本人の世界における使命に対して十分の認識をもち、しかも広く、高く、深く思惟するところがあってほしい。切にしかあらんことを希《こいねが》う。

それが日本的霊性である仏教の精神なのです。

日本的霊性は「ロシア的霊性」と比較すればもっとわかる

篠田英雄氏によれば、「霊性は、いつでもまたどこにでもある。霊性は普遍的であるから洋の東西を問わず、時の古今を論ぜず、どの民族にも、またこれらの民族を形成するすべての個人にもある。しかし各民族は、それぞれ特殊な民族性を具えていて、物の感じ方や受け取り方、また心の動き方や表現の仕方にも、相違なるものがある」。ですから日本的霊性だけでなく、ロシアの霊性、朝鮮的霊性、台湾的霊性もあるわけです。

「故にこの霊性は政治的色合いをもつものでない。日本的霊性は他民族の霊性よりも優秀であるから『万国の民』は日本精神に随順せねばならないという訳合いは、いささかもない」。それだから他民族における世界的霊性の発現は、やはり日本の精神文化をおぎなってきたし、また現におぎなっているのだと。

「日本的霊性」についての理解は「ロシア的霊性」と比較すればもっと示唆的になるのではないかと、私なりに連想し、理解もしています。

西欧文明とロシア文明、東洋文明と日本文明から見た、ロシア文明と日本文明との比較は共通の性格が多く、ともに、栄枯盛衰という生成から没落の現象がなく、オープン・システムの文明です。

西欧思想の受容をめぐって、ロシアでは西欧派とスラブ派が抗争をくりかえすように、日本でも欧風と国風（ヤマトイズム）が二〇年周期に、くりかえしてきた思想的、精神的類似性をもっています。アメリカの西部開拓精神以上に、あの酷寒のシベリアの凍原（ツンドラ）への東進はきわめて象徴的なロシア精神であるのです。辛酸を舐めつくしたのがロシアの歴史と宗教です。ロシア帝国とソ連の崩壊からロシア人の霊性に息づく終末的想像力、全体主義への回帰など、ロシアの文学、芸術、哲学、思想から「ロシア的霊性」への理解が「日本的霊性」との比較により、霊性理解の地平をもっと広げられるのではないかと、考えているのです。

そして、「台湾的霊性」の探訪へ

李登輝先生が「奥の細道」を訪ねる前に、靖国参拝の直後、拓殖大学の本部を訪ね、理事会と大学関係者と懇談したことがありました。李先生が二階の会議室から降りて、階下にあつまる、若い台湾留学生から熱烈な拍手で迎えられ、外に出ると数十名のテレビ、新聞記者に囲まれた。ある若い女性テレビ記者から傲岸不遜な態度で「なぜ靖国神社を参拝した」と説教調に訊《き》いてきた。李先生は微笑みながら、「戦死した兄をお参りにきた。もし君の兄なら、君はどうする」と聞き返したら、この若い女性記者は返す言葉がなく、そのまま黙ってしまって、その他の記者からも相手にされなくなったのです。

学校関係者との懇談中に、李先生は兄と父との過去の思い出話と靖国参拝のことも話しました。非常に感動的な人情話で、三分の二以上の理事と教授たちは涙をふいていたのを見ました。そこで私が発現したのは日本人の純粋な清明心と日本的情緒です。

総統を辞した後、私は数度も李先生を訪ね、哲学の問題について、教えを乞い、その謦咳《けいがい》に接したことがたびたびあります。兄は大戦中に志願兵としてレイテの海戦にてフィリピン沖の艦上で戦死、父はずっと、兄がまだ生きていると信じていました。李先生は若き時代に西田哲学以外によく兄と鈴木大拙の禅に学びました。私も大拙の禅を勧められたことがあります。

李先生は私の母と同じく敬虔な長老教会のクリスチャンです。クリスチャンなのに、なぜ「仏教の禅」に強い関心をもつのか、初めは理解できませんでしたが、じょじょに大拙の禅を知るにつれて、やはり禅というものは超宗教的で超民族的なものだと知るにいたったのです。

「仏教の輪廻転生を信じないのに、なぜキリストの復活を信じるのか」ということなど、科学からも解明はできない、まったく次元の違う「信仰」についての問題も、私の納得のいくまで教えてもらったこともあります。

台湾人というのは、きわめて「世俗化」した民族です。私はよく日本人の精神性と台湾人の精神性を比較しながら、その心の根底にあるものを探しつづけてきました。世俗的価値というものは、たいてい政治的価値としての「権力」と経済的価値としての「銭力」がものを言う世界です。もちろん精神的貧困から有象無象のカルト的信仰へと魅せられる人も少なくありません。

李先生の「我」への思索について、「私ではない私」の話を初めて聴いたのは、台湾哲学学会の大会に参加したときのことです。

台湾の母なる大地に根をおろした李登輝の宗教心である「我の自覚」——鈴木大拙がいうところの「霊性的自覚」を、私は政治からではなく、思想的な問答により、台湾民族に生きる霊性を知ることができました。

台湾史の特徴は「断絶」です。この断絶の時代にあって、台湾の母なる大地から生まれた李登輝の精神史を通じて、大拙がいう「超個己一人」から「台湾的霊性」の芽生え、そして「台湾的霊性」に霊犀一点通ずるものを見つけたのです。

私がずっと求めつづけてきたのは、この「台湾的霊性」から台湾人のアイデンティティを確立せんとすることです。そこには西欧的知性からも日本的悟性からも、なかなか理解できない秘められた霊性があるのです。

●著者略歴
黄文雄（こう　ぶんゆう）
1938年、台湾生まれ。1964年来日。早稲田大学商学部卒業。明治大学大学院西洋経済史学修士。『中国の没落』(台湾・前衛出版社)が大反響を呼び、評論家活動へ。1994年巫福文明評論賞、台湾ペンクラブ賞受賞。断末魔の中国経済』『米中韓が仕掛ける「歴史戦」』『真実の中国史【1949-2013】』（ビジネス社)、『世界はなぜ最後には中国・韓国に呆れ日本に憧れるのか』（徳間書店）など多数。

世界を感動させた日本精神

2017年4月1日　第1刷発行

著　者　黄文雄
発行者　唐津 隆
発行所　株式会社ビジネス社
〒162-0805　東京都新宿区矢来町114番地 神楽坂高橋ビル5階
電話　03-5227-1602　FAX　03-5227-1603
http://www.business-sha.co.jp

印刷・製本／三松堂株式会社　〈カバーデザイン〉中村聡
〈本文組版〉エムアンドケイ　茂呂田剛
〈編集担当〉佐藤春生　〈営業担当〉山口健志

ISBN978-4-8284-1947-3

ビジネス社の本

日本人よ！「強欲国家」中国の野望を砕け

黄文雄……著

定価　本体952円＋税

ISBN978-4-8284-1722-6

尖閣、台湾の次にねらっているのは、
沖縄だ！
身勝手な中国人との付き合い方、
闘い方、防ぎ方を知っておくべきだ!!

本書の内容

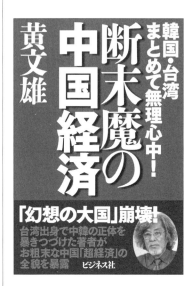